JN173011

淡海《おうみ》文庫 57

サンライズ出版

石川 慎治 著

近江の古民家

—素材・意匠—

はじめに

私は、普段、大学で建築史や保存修景計画を専門として研究しています。保存修景計画とは、「文化遺産や歴史的景観の価値を評価し、現実社会に蘇生させ、その活用を図るための計画」のことをいいます。特に、歴史的建造物や伝統的な集落・町なみを対象に調査を行っていますが、勤務している大学がある滋賀県には保存修景計画を必要としているところが多く存在しています。

たとえば、文化財に指定されている建造物で見ると、平成29年（2017）2月現在、国宝・国重要文化財に指定されている建造物の件数が、京都府・奈良県に次いで全国第3位であります。また、単体の建造物ばかりでなく、伝統的建造物群保存地区や文化的景観に代表されるような伝統的な集落・町なみの景観もあります。伝統的建造物群保存地区とは「伝統的建造物群及びこれと一体をなしてその価値を形成している環境を保存するために定める地区」、文化的景観は「地域における人々の生活又は生業及び当該地域の風土により形成された景観地で我が国民の生活又は生業の理解のため欠くことのできないもの」と文化財保護法で定義されていますが、どちらも、基本的には各市町村で地区を指定します。このうち、特に重要なものとして国の選定を受けると、重要伝統的建造物群保存地区（以下、重伝建地区とする）、重要文化的景観（以下、重文景とする）となります。平成29年（2017）2月現在、滋賀県には、重伝建地区が4つ、重文景が6つの計10地区があります（0-1）。これは、京都府・石川県と並んで全国第2位の数を誇ります。

ところで、伝統的な集落・町なみの景観がよく残る滋賀県ですが、0-1で挙げられている地区は、それぞれに特色があります。建造物についてもそうですし、同じ間取りの建造物でも外観の素材や意匠により風景の印象が違って見えます。たとえば、日本の伝統的な集落・町なみを印象づけているものとして、建物の屋根がありますが、その土地の地域性を顕著に表しています（0-2）。また、同じ屋根形態でも、どのような素材が使われているか、通りに対する屋根の向き（0-2）はどう

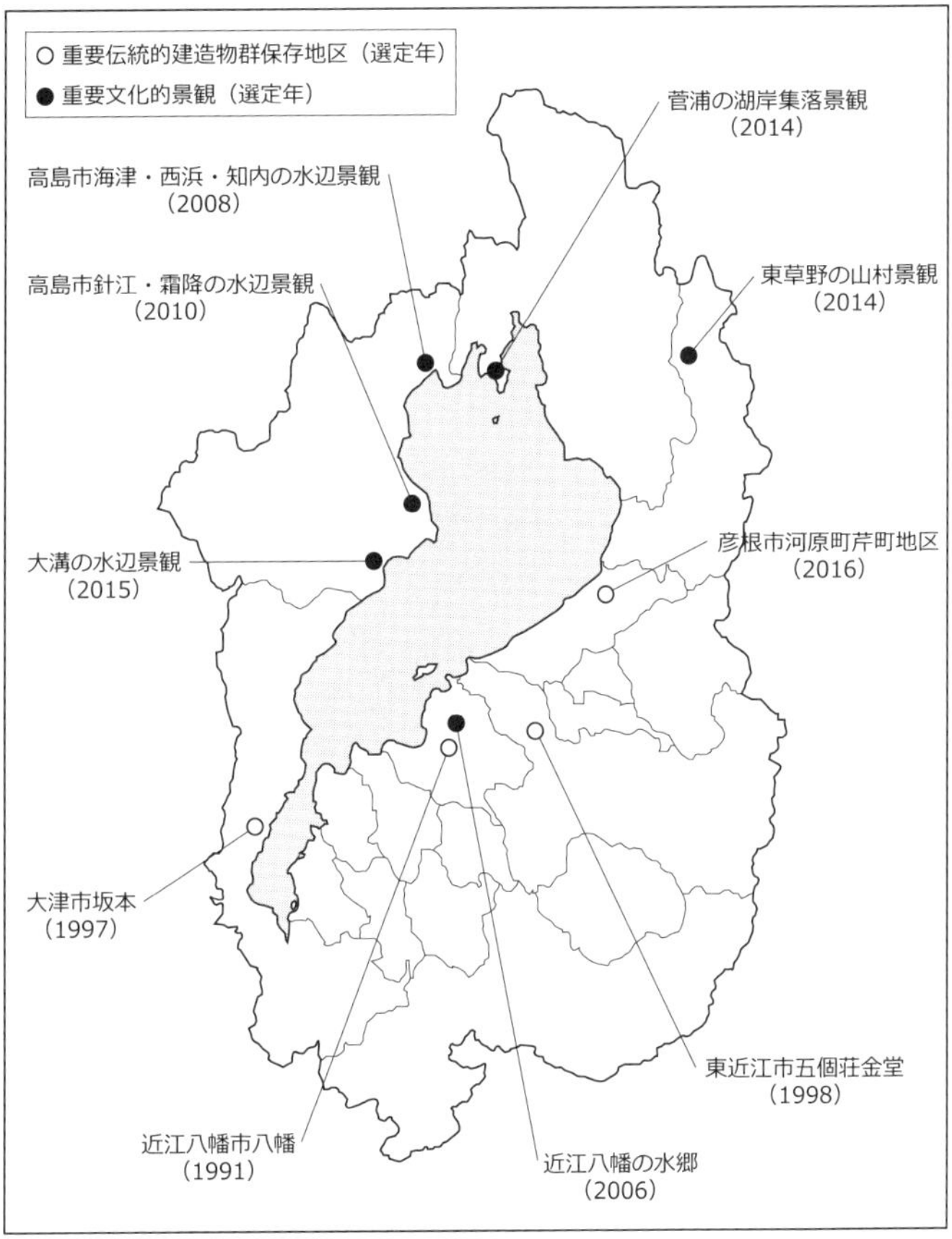

0-1　滋賀県内にある重伝建地区・重文景

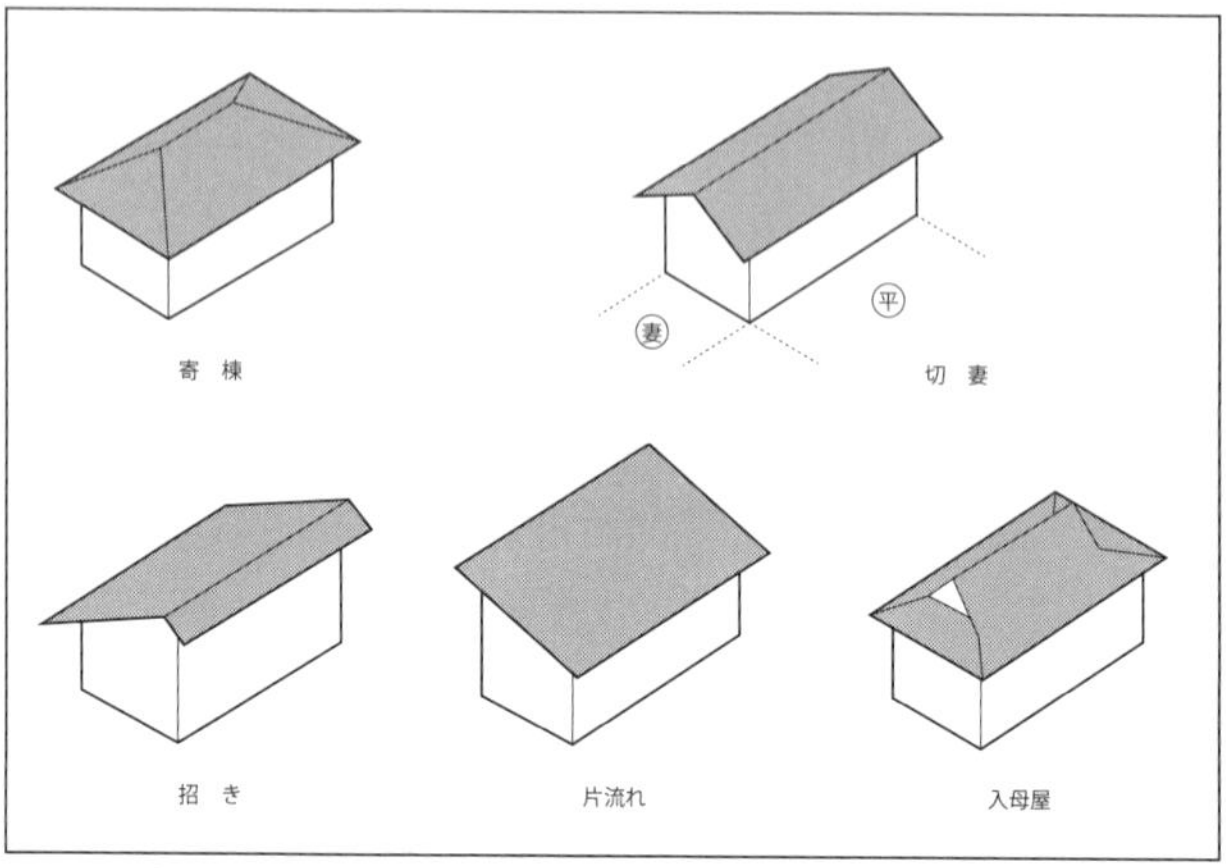

0-2　日本建築の主な屋根形態　屋根形態は、建物の印象を大きく左右する。なお、屋根の棟に対して平行な側面を「平」、屋根の棟に対して直角方向の側面を「妻」という。また、平側に入口があるのを「平入り」、妻側に入口があるのを「妻入り」という。

なのかによって、集落・町なみの表情も変わってきます。そのような点にも目を向けながら、地域の歴史的景観の魅力を探っていくことはとても楽しいことです。私自身、滋賀県に住むようになってから12年が経ちますが、日々新たな発見があり、楽しく研究しています。

平成7年（1995）の大学開学以来、滋賀県立大学保存修景計画研究室では、ずっとこのような文化遺産や歴史的景観を対象として研究活動を行ってきましたが、本書では、その研究成果などをふまえながら、伝統的な風景を形成しているさまざまな構成要素（素材・意匠・建物）についてご紹介していきたいと思います。そのことによって、全国各地にある伝統的な風景の楽しみ方のコツをつかんでいただけたらと思います。

目次

第一章

素材

茅

平成25年（2013）は、伊勢神宮で62回目の式年遷宮が行われました。20年に一度、本殿を含む主要な建物を建て替える式年遷宮は、持統天皇4年（690）から連綿と続いている日本を代表する伝統行事です。古来、神社建築は、伊勢神宮に限らず式年遷宮を行っていました。そもそも、大陸文化とともにやってきた寺院建築に比べて、当初の神社建築は耐久性が低かったために式年遷宮が始まった、との説もあるようです。例えば、**柱の建て方**でみると、寺院建築は柱の下に石をすえる礎石建《そせきだて》であるのに対し、神社建築では古くは柱を直接地中に埋めて建てる掘立《ほったて》でした。屋根《やね》葺材《ふきざい》についても同様で、伊勢神宮にある主要な建物などでは、植物である「茅《かや》」を葺材として利用しています。

一般的に、茅葺《かやぶき》とは草で葺く屋根の総称であり、茅とは屋根を葺く草という意味があるようです。茅として使われる草の代表としては、

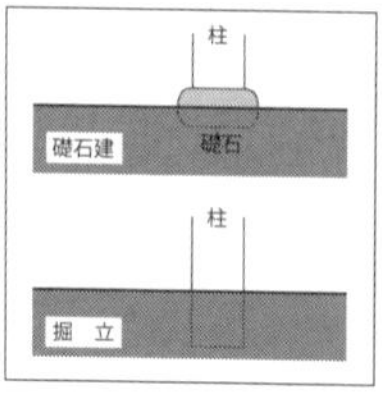

柱の建て方　代表的なものとして、「礎石建」と「掘立」がある。

ススキやヨシを挙げることができますが、これらは近江の風景にとって重要な素材です。現在でも農村や山村に行けば、トタンは被っているものの、茅葺屋根の民家を多く見かけることができます。

それでは、日本の伝統民家の屋根材として代表的な「茅」についてみていきたいと思います。

葦原と茅場

茅葺の材料として代表的なススキやヨシは、自然素材とはいえ、計画的に材料確保を行ってきました。

まず、近江のヨシですが、琵琶湖や内湖などの湖畔に群生しています。戦中戦後の内湖干拓などにより減少しましたが、近年、このヨシが水質浄化の役割を担っていることから葦原《よしはら》を増やそうとしています。かつては、琵琶湖岸の集落では茅葺にヨシを使っていましたが、このような集落における明治時代初期の絵図をみると、「葭地《よしち》」との記載があります。これは葦原のことを表していますが、ヨシが重要な資源

1-1　冬の西の湖

として認識されていたことがわかります。現在、このような葦原は、近江八幡市にある西の湖《にしのこ》で見ることができます。夏場は青々とした景観が広がっていますが、冬場はヨシが枯れ、光の当たり具合によっては、一面黄金色の風景が広がります（1－1）。四季を通じて移ろいゆく葦原の風景は、近江の湖岸沿いを彩る代表的な風景といえるでしょう。

一方、山村集落では、茅葺にススキを使っていまし

1-2　男鬼集落

たが、そのススキを生やしておく場所として茅場《かやば》を持っていました。彦根市の山間部、標高420mに位置するところに男鬼《おおり》町の集落（以下、男鬼集落とする、1-2）がありますが、この集落の茅場は、かつて、集落よりも高い北側の台地（標高560～580m）にあったことがわかっています（1-3）。現在、この茅場は放置されてから長い年月が経ってしまったために、残念ながら落葉樹の雑木林

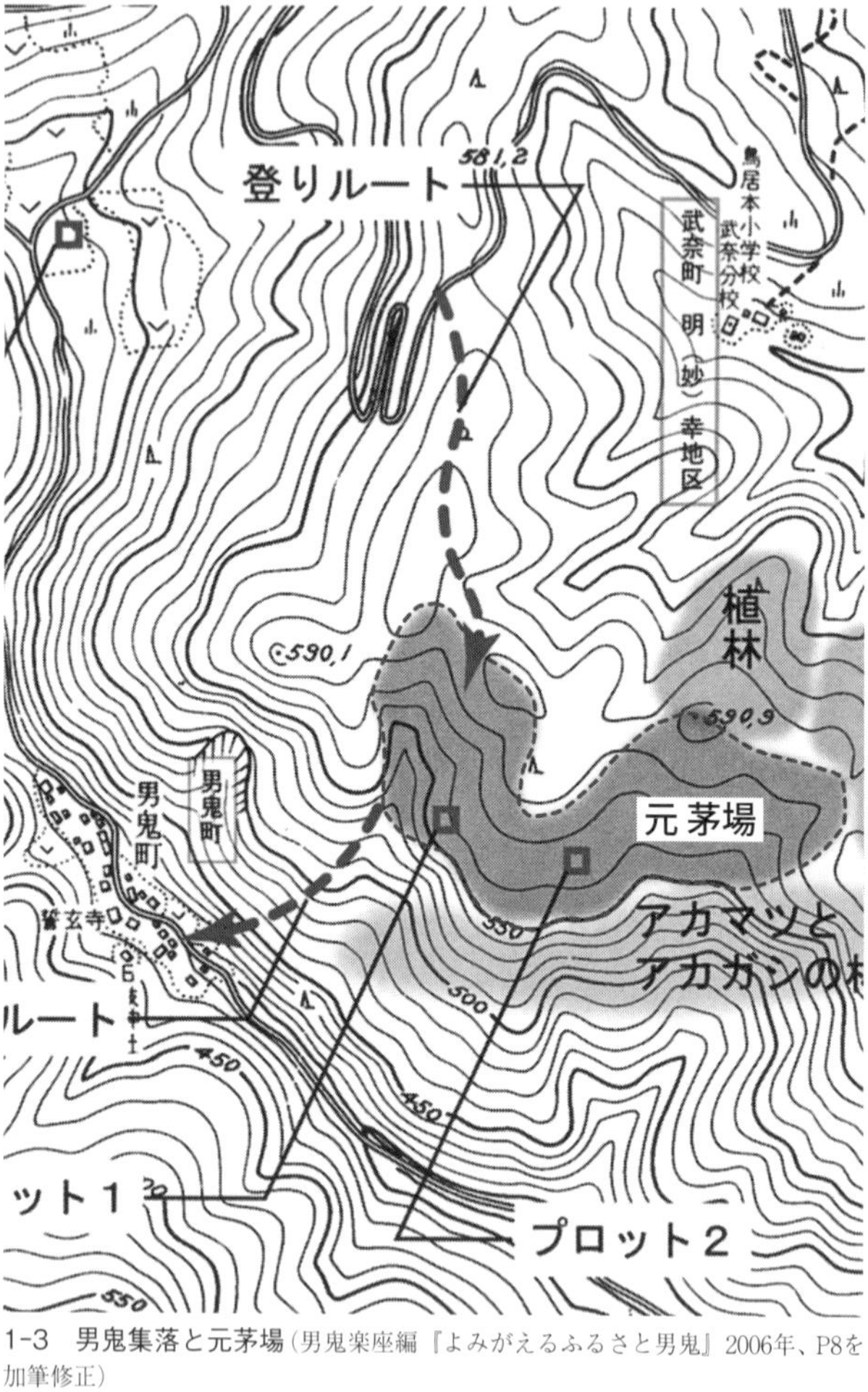

1-3　男鬼集落と元茅場（男鬼楽座編『よみがえるふるさと男鬼』2006年、P8を加筆修正）

に変化しています（1-4）。

なお、平野部では、このほかに、茅葺の材料として稲藁《いなわら》や麦藁を用いていた地域もありましたが、ススキやヨシに比べて耐用年数が短かったようです。

いずれにしても、自然素材ではありますが、茅は人が手間をかけないと素材として使えなかったことがわかります。そのような意味では、かつての葦原や茅場は人々の思いが詰まった風景だったといえるのではないでしょうか。

近江における茅葺建物

伝統的な茅葺の建物といえば、農村部にある民家（以下、農家住宅とする）を思い浮かべる人が多いのではないでしょうか。かつて、**入母屋**造の茅葺屋根を持つ農家住宅などは、どこでも見ることが

1-4　男鬼集落の元茅場

できました。
一般的に、近江における農家住宅の代表的な間取りの形式といえば、「四間取型《よつまどりがた》」・「大浦型」・「余呉型《よごがた》」の三つを挙げることができます(1-5)。「四間取型」とは、床上部分を田の字型に間仕切ったかたちの農家住宅であり、湖東・湖南地域で多くみることができます。「大浦型」は、**平側**《ひらがわ》に土間や**土座**《どざ》を持ち、床上部を4室あるいは6室に分割したものです。「余呉型」は、**妻入り**であることが多く、床上部を3室(うち1室は土座)に分割したものです。これらは近江独自の間取りの形式というわけではありません。「四間取型」は近畿地方中部に広く分布していますし、「大浦型」は若狭地方、「余呉型」は越前地方にある農家住宅との類似性が指摘されています。むしろ、さまざまな間取りの形式、ひいては居住文化の境界が近江にあったと考えることができるのではないでしょうか。
ところで、前述の三つの間取りの形式のうち、民家建築史の分野で有名な農家住宅といえば、「余呉型」となります。間取りの形式もさ

入母屋　0-2を参照。

平　0-2を参照。

土座　土間に籾殻を敷き、その上に筵を並べた床の形式。

妻入り　0-2を参照。

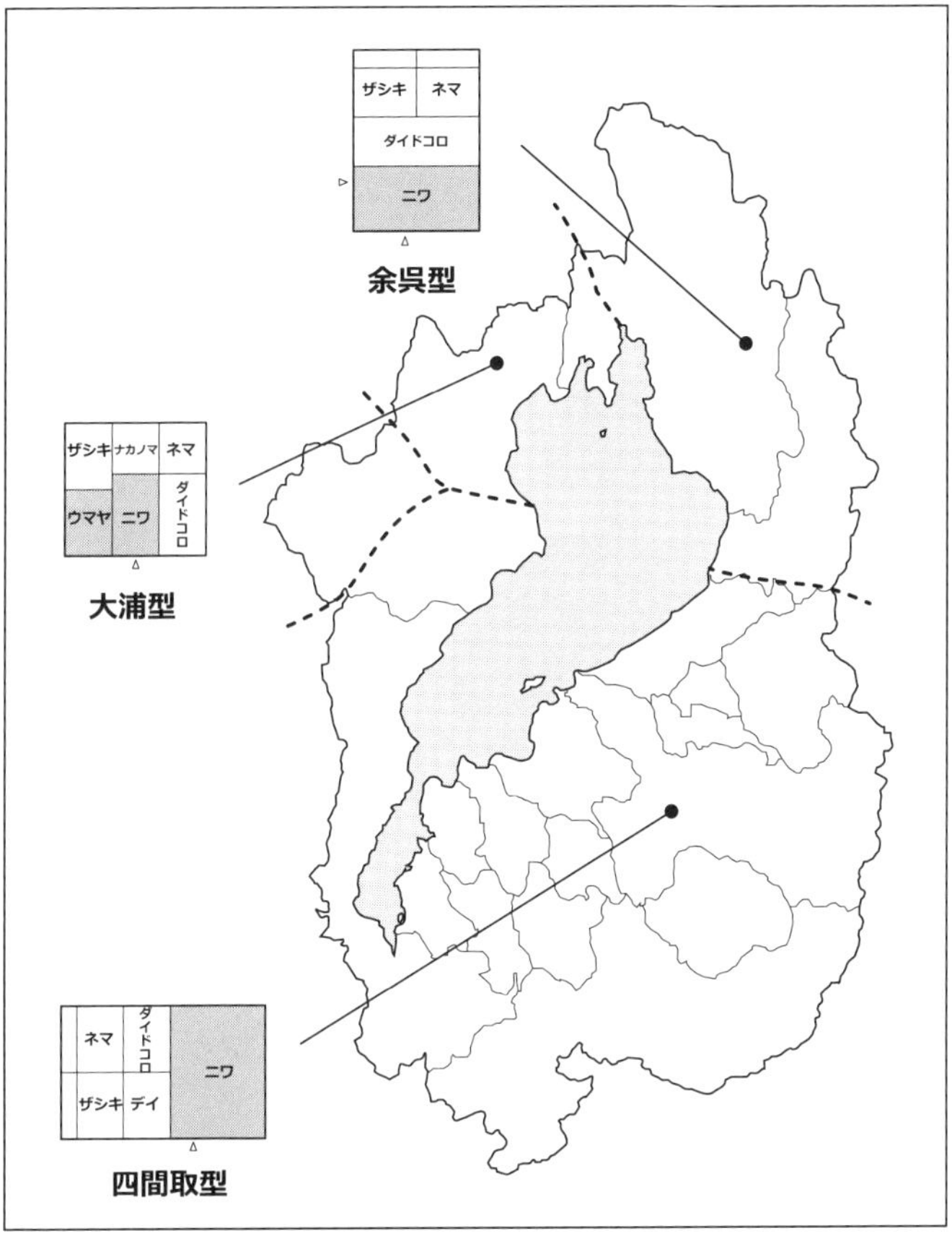

1-5　滋賀県における農家住宅の代表的な間取り形式

ることながら、土間・土座の上部に十字に交わる梁を架けることでつくり出される大空間が特徴的です。「近江風土記の丘」(近江八幡市)にある国重要文化財・旧宮地家住宅(1‐6)がその代表例といえます。旧宮地家住宅は、宝暦《ほうれき》4年(1754)に現在の長浜市国友町に建てられたことがわかっています。その後、湖北地域の民家形式をよく伝える遺構として、昭和43年(1968)に国重要文化財に指定され、現在地に移築されました。

旧宮地家住宅の外観的な特徴を挙げるとすれば、以下の三つになります。一つ目は、窓の少ない閉鎖的な外観です。二つ目は、妻入り形式であることです。この理由としては、雪が降った後で屋根から落ちた雪が入口付近に溜まりますが、屋根面積の大きい平側よりは**妻**側の方が雪かきをする量が少ないため、などといわれています。三つ目は、棟端飾りである「前垂《まえだ》れ」(1‐7)になります。余呉型の農家住宅は妻入りが多いために、妻側にある前垂れは最も目を引くこととなります。これは、苧殻《おがら》やヨシなどをそろえて竹などで押さえていますが、平野

妻 0‐2を参照。

1-6　旧宮地家住宅・外観

1-7　旧宮地家住宅・前垂れ

部と山間部では少しずつ意匠が異なっていたようです。このような茅葺の余呉型農家住宅で形成される湖北地域の農村風景は、今では少なくなってしまいました。しかし、茅葺の屋根だけを瓦葺に変えた住宅や、新築したけれども伝統的な間取り・屋敷構成を踏襲した住宅で構成される集落はまだ多く存在しています。そのような意味では、湖北地域の農村風景の変化は緩やかなものといえます。

また、かつては、農家住宅以外の民家でも茅葺屋根の建物がありました。一般的に、宿場中心部の建物が瓦葺であったのに対し、両端部にある建物の中には茅葺のものが含まれていたといわれています。彦根市鳥居本町は、江戸時代に中山道の宿場町・鳥居本宿として栄えたところでしたが、昭和20年代の写真をみると、宿場の南部東側に茅葺・妻入りの民家が瓦葺民家とともに軒を連ねている姿を見ることができます。

また、住宅以外でも茅葺であった建物はありますが、土蔵もその一つです。現在、土蔵と聞くと、「壁は漆喰塗、屋根は瓦葺」の耐火性能を備えた建物を連想しますが、瓦葺ではない土蔵も存在していました。例えば、新潟県岩船郡関川村にある国重要文化財・渡辺家住宅の土蔵（米蔵・味噌蔵）は板葺になります。一方、近江ですが、昭和35年（1960）に描かれたスケッチを見ると、現在の長浜市余呉町菅並《すがなみ》にあった土蔵は、屋根を二重にした置屋根《おきやね》の茅葺土蔵であることがわかります。この場合、基本的には、火災で二重屋根の上に位置する置屋根がすべて焼け落ちても、下屋根を含む本体部分はすべて漆喰で覆われているために土蔵内のものは守られることになります。『春日権現験記絵』でも、火災で屋根が焼け落ちた後の土蔵の姿が描かれています。このように、土蔵の置屋根には耐火性能はあまり求められていなかったようです。なお、前述の長浜市余呉町菅並には、トタンを被っていますが、茅葺の土蔵が1棟現存しています（1-8）。この土蔵は、間取りの規模がおよそ4m×6m、妻入りで、入口側に半間ほどの庇を持つ形をしています。土蔵内部は、土間部分と床上部分からなり、床上部分には米を保管するためのトバコが造りつけられています。ま

1-8　現存する元茅葺の土蔵

た、土蔵の小屋組は、トタンのために外観からは分かりませんが、置屋根部分の扠首組《さすぐみ》が今も残っています。一般的に、農村部に広く瓦が普及し始めるのは明治時代以降と考えられていますので、かつて、近江の農山村には、このような茅葺の土蔵も存在していたと考えられます。

　土蔵と同じく瓦葺のイメージが強い寺院においても、茅葺屋根のものが存在していました。もともと浄土真宗の影響が強い湖北地域においては、前身が惣道場であった寺院に茅葺のものが見られます。ここでいう道場とは、浄土真宗において、各村落に配された説教場のことであり、真宗門徒の講的結合の中心となっていました。現在の長浜市木之本町《きのもとちょう》赤尾《あかお》にある真宗大谷派・西徳寺の本堂は、茅葺・入母屋造・妻入りの形態をとっています（1-9）。建立時期は、墨書などから正徳3年（1713）と考えられていますが、もう少し時代が遡るのでは、という意見もあります。この本堂の外観や構造は民家風ではありますが、その間取りは浄土真宗本堂としての正規の形をとっています。こ

1-9　西徳寺本堂・外観

のような惣道場は、滋賀県北部から福井県にかけて分布していますが、西徳寺本堂は、質・保存状態ともよく、惣道場から発展した在郷真宗本堂の代表的なものとみられているため、現在、国重要文化財に指定されています。

　このように、規模の小さなものから大きなものまで、そして住宅から寺院までと、かつての日常生活におけるさまざまな場面に茅葺の建物が登場していたことをうかがい知ることができます。

伝統的な屋根葺材である「茅」ですが、他県に比べて茅葺建物が多く残る滋賀県においても私達の普段の生活からは離れた存在となりつつあります。一方で、茅葺建物やそこで営まれる田舎暮らしに憧れて都会から移住、あるいは移住しようと考えている人が増えてきています。以前の農村風景を取り戻すことは容易ではありませんが、残された茅葺建物を大切にしながら、おおらかな近江の農村の姿を緩やかに伝えられたらと思います。

コラム

余呉の茅葺民家集落（長浜市菅並集落）

現在も茅葺民家による山村集落の景観が残っている長浜市余呉町菅並（以下、菅並集落とする）は、滋賀県北部に位置する丹生《にゅう》川中流域の山村集落です（1-10）。このあたりは、県内でも有数の豪雪地帯としても知られる山深いところですが、古代から中世にかけては、北陸へ向かう主要交通路がこのあたりを通っていた、といわれています。また、かつての菅並集落では、養蚕・製炭が基盤産業でしたが、集落内には彦根藩の御用炭が集められたと伝えられる炭蔵が今も残っています。

そのような菅並集落ですが、昭和27年（1952）当時、主屋82棟のほぼすべてがいわゆる余呉型の農家住宅であり、そのうち、2棟を除く80棟がすべて南向き・妻入りであったことがわかっています。昭和45年（1970）に撮影された集落写真をみても、数多くの茅葺建物が南を向い

1-10　現在の菅並集落

て建っているのが読みとれます。その後、平成22年（2010）には、菅並集落にある主屋58棟のうち、トタンで覆われてはいるものの44棟が茅葺である状態です。これは、昭和27年当時の棟数と比較すると約半分になりましたが、それでも、現在の集落内にある主屋のおよそ4分の3が茅葺農家住宅であることには驚かされます。滋賀県内でも、これほど茅葺建物が残る集落景観は貴重であるため、何らかのかたちで保全されることを願うばかりです。

瓦

瓦は、日本全国各地で見られるとても身近な素材であり、生産地ごとに特色がみられます。特に、三州瓦や淡路瓦、石州瓦などはよく知られており、なじみの深い素材といえるでしょう。そのため、瓦の質感や色彩などは、その土地の風景を特徴づけています。滋賀県内を見まわしてみても、瓦屋根の伝統的な景観をいたるところで見ることができますが、特に、湖東平野の農村集落では、寺院の大屋根が集落の中で際立って突出している姿が特徴的です（1-11）。

そこで、ここでは身近な素材である「瓦」について取り上げてみたいと思います。

1-11　湖東平野の農村風景

瓦の歴史

　元来、瓦は仏教とともに大陸から伝来されてきたと考えられており、『日本書紀』では、崇峻《すしゅん》元年（588）に僧・寺工・鑪盤《ろばん》博士とともに4人の瓦博士が百済《くだら》から渡来し、蘇我馬子の法興寺（飛鳥寺）を建てたことを伝えています。そのため、瓦葺の技術が伝来した当初は寺院に限られていたのですが、7世紀末になると、藤原宮といった宮殿建築にも使用されてきます。そのようなこともあり、現在でも、「寺院といえば瓦葺、神社といえば**檜皮**《ひわだ》葺などの樹皮葺」というようなイメージが強いのではないかと思います。なお、大陸から伝来した瓦は、丸瓦と平瓦を交互に葺く**本瓦**葺なのですが、特に古代の瓦などは、軒先に使われる丸瓦・平瓦の文様から、製作された時代やどのように発展を遂げてきたかなどを知ることができます。また、考古学では、瓦から得られる情報をもとに、現存しない建造物を復元する手がかりにも用いています。

檜皮　ヒノキの皮。

このように大陸から伝来した瓦の技術が民衆に広く普及するには桟《さん》瓦《がわら》の発明を待たなければなりませんでした。もともと16世紀末から17世紀初頭の江戸や京都の町家では、板葺が主であったことは様々な絵画資料などで知られています。それが、17世紀前期になると、江戸では3階建ての瓦葺町家が少しずつ出てきます。これらは外観が入母屋造・本瓦葺・白漆喰塗込の城郭風であり、表通りの角地に建てられていましたが、近世国家の身分制維持に不都合とみなされ、慶安2年（1649）に禁止されます。その後、この禁令が享保5年（1720）になって解かれますが、この御触れは、江戸の都市防災の一環として、町家の耐火性向上を目指した政策的な瓦葺推進であったそうです。そのため、幕府は瓦葺を普及させるために、たとえば、享保8年（1723）に被災した旗本に対して、補助を出して火除けのために「軽き瓦葺き」での再建を命じています。この「軽き瓦葺き」とは、「平瓦にてもさん瓦にても」葺いてよいもので、ここで挙げられている「平瓦」とは耐火用に平瓦を屋根に並べ置いたものを指すと考えら

本瓦と桟瓦　本瓦では丸瓦と平瓦を使用するが、桟瓦は丸瓦と平瓦を1枚にしたような形となる。

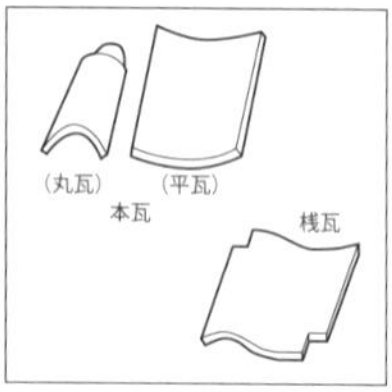

れています。そのようなことから、桟瓦が一般的に普及していくのは、この享保5年の江戸町家への桟瓦葺の奨励にあるというのが定説化されています。

さて、その桟瓦ですが、京都市伏見区深草瓦町の善福寺に伝わる「西村氏由緒覚書」という古文書によれば、桟瓦は17世紀後半に大津の西村半兵衛が発明したと書かれています。この西村半兵衛という人物は、もとは京都の伏見・深草にいましたが、大津に計画された幕府の蔵の瓦方を任されたのを契機に、現在の大津市観音寺に移住してきます。彼は以前から瓦屋根を軽くする方法を考えていたところ、江戸で見た平瓦を屋根に並べ置く「火除瓦」をヒントに桟瓦を発明したといわれています。なお、桟瓦を俗に「和瓦」と呼ぶように、日本の発明品であると考えられていますが、鎖国当時、数少ない国際窓口であったオランダには17世紀以前に桟瓦とよく似た瓦が存在するために、桟瓦の成立には海外からの刺激があったとする意見も見られます。実際はどのような経過から桟瓦が生み出されたのかはよく分かっていいません。

　このように、享保5年の桟瓦葺奨励によって瓦葺は普及していきますが、場所によって差があり、たとえば、西日本の大半の町家は18世紀前半ではいまだ瓦葺は少なく、18世紀後半に入って、京都や大坂のような大都市や地方主要都市に瓦葺が普及するようになり、総じて各地の町家が瓦葺になるのは19世紀に入ってからと考えられています。また、一般的な農家住宅が茅葺から瓦葺へ転換をはじめるのは町家よりも遅く、明治時代以降と考えられます。

　なお、農家住宅における瓦葺への転換の中には、新築とは別に、もと茅葺であった建物の屋根部分だけを取り除いて瓦葺に変更してしまうものも含まれていました。滋賀県では、これを「ガッショウクズシ」と呼んでいる地域がありますが、ほかにも「ツギヤ」、「ヤネガエ」などと呼んでいたようです。この場合、外見はそれほど古くはありませんが、間取りは江戸時代のままという住宅もあります。このような歴史を経て、現在の瓦葺による風景がひろがることになります。

それでは、次に、かつて近江を代表する瓦であった八幡瓦《はちまんがわら》について、ご紹介したいと思います。

八幡瓦

現在の近江八幡市において、製瓦業《せいが》はかつて主要産業の一つであり、江戸時代から屋根瓦の産地として名を知られていました。明治時代には、八幡堀沿いに数多く工場が立地していたことが知られています。なお、瓦の原料になる粘土は八幡堀東部の多賀町・北之庄町や堀の西部にある牧町・大房町方面の田地からのものを使用していましたが、このような原料や製品の運搬に八幡堀の舟運を利用するため、八幡堀沿いに工場が集中していたと考えられています（1－12）。

1-12　八幡堀

さて、菅原和之氏によれば、平成5年（1993）12月までに刊行された滋賀県内の国指定・県指定建造物修理工事報告書、および昭和59・60年度に実施された滋賀県近世社寺建築緊急調査で記録された瓦銘をすべて拾い出し、瓦産地別・年代別に分類したところ、松本村（大津市内）、八幡（近江八幡市内）、長浜（長浜市内）、山城国内（京都府南部）の瓦生産地のものが特に多く見られたそうです（1-13）。このうち、三つの県内主要生産地を比較すると、松本瓦・長浜瓦の建造物が生産地周辺に分布しているのに対し、八幡瓦は湖東を中心に湖南、湖西、湖北の琵琶湖岸付近に点在している特徴が挙げられています（1-14）。この分析で用いられた対象建造物は社寺などが多いのですが、一般的な建物においても同じような傾向があったと推測されます。また、前述の分析によれば、瓦の製作年代別にみると、18世紀になって近江における瓦生産が充実し、近江での需要を賄えるようになるとともに、それまである程度の規模で流通していた山城国産の瓦が、18世紀中期以降、近江への流入が減少していく傾向がうかがえるそうです。

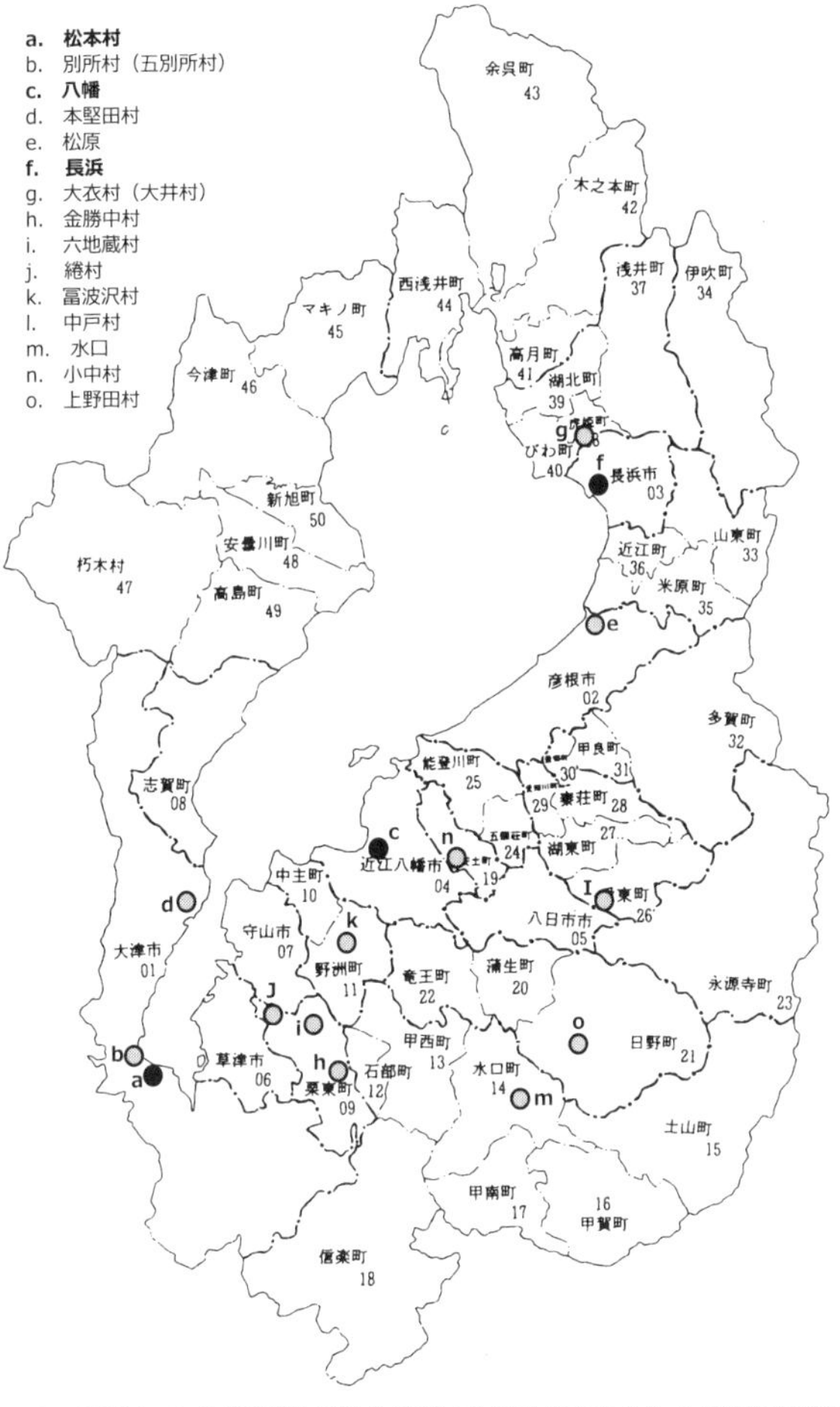

1-13　瓦銘にみる滋賀県の瓦生産地（滋賀県教育委員会文化財保護課編『滋賀県指定有形文化財　本願寺八幡別院表門・鐘楼修理工事報告書』1994年、P28を加筆修正）

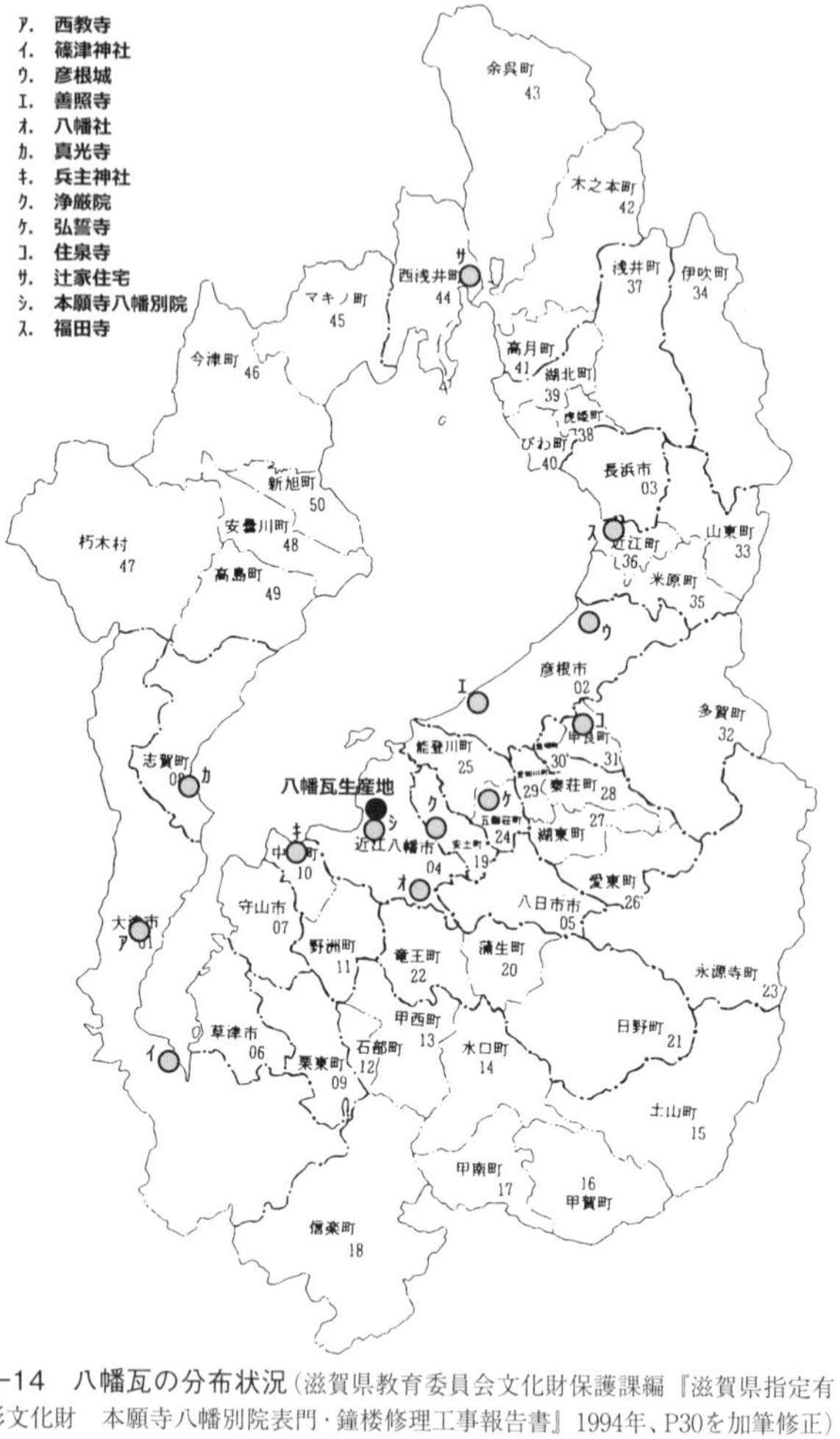

1-14　八幡瓦の分布状況（滋賀県教育委員会文化財保護課編『滋賀県指定有形文化財　本願寺八幡別院表門・鐘楼修理工事報告書』1994年、P30を加筆修正）

1-15　本願寺八幡別院

　ところで、八幡瓦の起源についてですが、現在のところ最も有力な説は、現在、近江八幡市にある本願寺八幡別院（1-15）の屋根葺き工事に伴い、京都深草より瓦工が移住したというものです。この瓦工は瓦師仁兵衛（寺本仁兵衛）を名乗り、代々その名を継いでいるのですが、この家は長く八幡瓦を製造する家々の中心的存在であったそうです。この寺本家の跡地が、現在、「かわらミュージアム」となっています。以上のことから、八幡瓦の起源は、江戸時代中期前半（1700年前後）となっています。

江戸時代の八幡瓦の瓦屋については、当時の古文書にその名を見ることができます。古文書に登場する主な瓦屋を地域ごとに見ていくと、多賀村（近江八幡市多賀町）は九兵衛（西村九兵衛）・傳兵衛（山田傳兵衛）・仁兵衛（寺本仁兵衛）・庄助（佐竹庄助）・平四郎（前田平四郎）・吉兵衛（和田吉兵衛）・伊兵衛（福井伊兵衛）、八幡町（近江八幡市）は増右衛門（福井増右衛門）・太兵衛（福井太兵衛）・平兵衛（垣内平兵衛）・徳右衛門（垣内徳右衛門）、市井村（近江八幡市市井町）は中村金六（市井金六）、津田村（近江八幡市）は権兵衛、小中村（近江八幡市安土町小中）は溝三郎、伊庭村（東近江市伊庭町）は又右衛門、となっています。これをみると、江戸時代において八幡瓦の生産地は、八幡山山麓や八幡堀界隈だけでなく、もう少し広範囲にわたっていたようです。

さて、さきほどは社寺などの大規模建築から八幡瓦の当時の状況を見てきましたが、ここからは一般住宅に使用された八幡瓦についても

1-16　瓦屋仁兵衛が製作した鬼瓦

簡単に紹介したいと思います。

例えば、1－16の鬼瓦は、中山道高宮宿（彦根市）にある旧近江商人屋敷の主屋に使われているものですが、天保4年（1833）に「八幡瓦屋　寺本仁兵衛」によって製作されたことが瓦銘から分かります。近江商人屋敷にふさわしく、重厚な印象を与える上品な鬼瓦です。なお、鬼瓦に篦《へら》書きされている銘では、この事例のような「瓦屋」のほかに、「瓦大工」や「瓦師」という文字が見受けられます。

一説によると、「瓦大工」から「瓦師」へ時期を経て名称が変化し、18世紀後半より「瓦屋」の名称が多く使われ始めるそうで、「瓦師」は工人を指し、「瓦屋」は瓦製造を行う家を表すものとも考えられています。また、同じ近江商人屋敷の塀に使用されていた瓦の裏面には1-17のような刻印（江州八幡多賀　○に一　大極上々　瓦屋仁兵衛）があり、鬼瓦と同じ時期のものと思われます。なお、かつて、高宮宿は彦根藩領であり、城下には松原という瓦生産地があった（1-13）にもかかわらず、この近江商人屋敷では八幡瓦を使用していることになります。この事例からも、当時、いかに八幡瓦の信頼が厚く、広域で流通していたのか

1-17　瓦屋仁兵衛の刻印

1-18　八幡瓦のさまざまな刻印

をうかがい知ることができます。

この高宮宿にある近江商人屋敷の事例以外にも、近隣の彦根市鳥居本町や七曲がり地区、東近江市五個荘金堂地区などを歩けば、かつての八幡瓦を見かけることができます。ただし、その場合は、鬼瓦の銘を探したり、葺いてある瓦をひっくり返したりすることは難しいので、桟瓦の下端小口に注目してもらう必要があります。実は、この部分に瓦屋の刻印（1－18）が押されていることがあり、その刻印によってどの瓦屋のものかが判明します。また、1－18の右下のように、建物の軒先とその一段上の瓦が別々の瓦屋の瓦で葺かれている場合もありますが、そのような場面に遭遇すると、目の前に広がる風景は多くの手間や時間をかけたことで醸成された産物だと思ってしまいます。

このような近江を代表する八幡瓦は、昭和30～40年代をピークに生産が下火となります。一般に、屋根は建物の印象を大きく左右するといわれていますが、八幡瓦は、茅葺に使われるヨシなどとともに、近江の伝統的な風景を形作ってきた重要な素材といえるでしょう。

瓦の鍾馗

それから、滋賀県内の風景の中にあるちょっと変わった瓦として、瓦で作られた鍾馗《しょうき》があります。

鍾馗は、唐の玄宗皇帝の病床の夢にあらわれて病魔を祓ったといわれ、濃いひげと大きな目が特徴的な鬼神です。近畿・東海地方では、町家の庇の上などにこの鍾馗のかたちをした瓦を多く見ることができます。滋賀県内でもこのような瓦の鍾馗を見ることができますが、主に町家の庇（1-19）や屋根の上（1-20）にくくりつけられています。その場合、鍾馗は近くの寺院を向いていたり、あるいは丁字路の突き当たりに位置する町家の正面にあったりすることが多いのですが、これは魔除けの役割を果たしているためと考えられています。また、変わったところでは、鬼瓦になった鍾馗もあります。この鍾馗は、長浜市西浅井町にある土蔵の鬼瓦であり、天保3年（1832）のものと推定されていますが、同じ敷地内にある別の土蔵に使われている鬼瓦が瓦銘から八幡瓦であることが分かっていますので、この鍾馗も八幡瓦である可能性が高いと思われます。ここでも八幡瓦の広域的な流通の痕跡を感じることができます。

このような瓦の鍾馗は、普段、まちを歩いていてもあまり気がつかないかもしれませんが、近江の風景の中にしっかりと息づいている文化といえるでしょう。

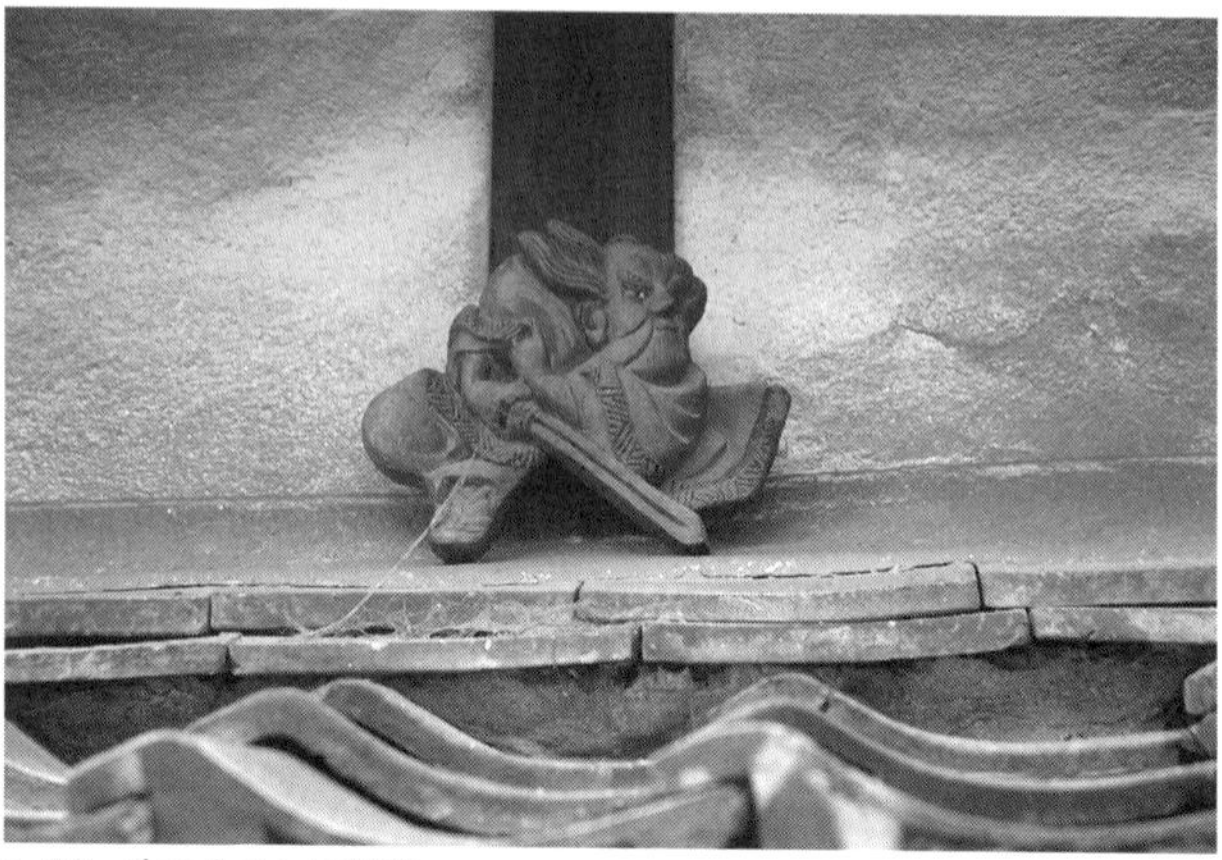

1-19　庇の上にいる鍾馗

1-20　屋根の上にいる鍾馗

　桟瓦の一般的な普及を考えれば、２００年ほどの歴史ではありますが、今では、近江の風景の中で重要な役割を果たしている瓦です。また、瓦は景観的に美しいだけでなく、前述の刻印のように、これまで住まい続けてきた歴史を感じることができる貴重な存在といえるでしょう。

コラム

八幡瓦による町なみ（近江八幡市八幡地区）

近江八幡市八幡地区（以下、八幡地区とする）は、国の重要伝統的建造物群保存地区に選定されていますが、現在の八幡地区を含む町家の町なみは、天正13年（1585）に豊臣秀次によって八幡山の麓に建設された城下町の町人居住区がもととなっています。ただし、八幡山城の破却にともない城下町八幡としての役割は10年ほどで終わり、この地区は商人たちが比較的自由な商業活動をおこなう在郷町として発展していくこととなりました。その後、八幡町に拠点を置きながら他地域で出店して商業を行うという特色ある生活形態を作りだした八幡商人たちによって、この地区は豪壮な八幡商人の本宅が建ち並ぶ独特の景観が生まれました（1-21）。

八幡地区の伝統的な町家は木造・切妻造・桟瓦葺・平入り形式の外観であり、中には通り側に前栽と見越しの松をもつ大規模な町家も見られます。

1-21　八幡地区の町なみ

このうち、地区を代表する建造物として国重要文化財・旧西川利右衛門家住宅を挙げることができますが、ここには当時の商人の富の象徴であった三階蔵が現存しております。この三階蔵は天和《てんな》年間（1681～1683）に建築された土蔵ですが、瓦銘から、鬼瓦は文政2年（1819）の屋根替え時に同じ八幡町内の「瓦師 垣内平兵衛」によって製作されたことが明らかになっています。地区北側には八幡堀もあることから、八幡地区では、瓦の生産、運搬、そして町なみといった八幡瓦にかかわる風景を体感することができる場所といえるでしょう。

板

日本は、世界の中でも降水量が多く、現在、国土の約7割が森林という緑豊かな国であり、先進国の中でも有数の森林大国です。その豊かな森林を構成する樹木は、柱や梁といった部材に姿を変えて現在の木造建築による伝統的な風景を形成してきたといえます。特に、民家内部の土間空間では、立派な柱や梁などが組み合わさる構造が見られ、木造文化の力強さを感じることができます。

一方、木材を薄く加工した板は、民家において、建具や床材などの内装材として使われますが、外装材として伝統的な建造物を包み込み、日常の風景に彩りを与えていることもあります。例えば、社寺建築の屋根材としてよく見かける柿板《こけら》は、とても軽やかな印象を与えていますが、茅や瓦とともに日本の伝統的建造物における代表的な素材といえます（1-22）。

そこで、ここでは伝統的な風景の中にある「板」について見ていきたいと思います。

「板」によるさまざまな風景

伝統的建造物における板というと、先ほども触れましたが、まず、屋根材が思い浮かびます。一般的に、板葺に使われるのはサワラやスギ等の割り板で、厚さ3～18㎜・長さ30～90㎝の板で葺いたものを木羽《こば》葺、厚さ3㎜以下・長さ30㎝程度の板で葺いたものを柿葺と指す場合が多いそうです。また、木羽葺は石を載せて押さえる石置き屋根が一般的であるのに対し、柿葺は竹釘で留めているため、同じ板葺でも外観の印象が異なります。また、武者英二・吉田尚英編『屋根のデザイン百科』によれば、国宝・国重要文化財の建築物を対象と

1-22　柿葺

して、地域ごとに一番多い割合を占める屋根葺材を調べたところ、①近畿地方から南は瓦葺、②関東地方から北は茅葺、③中部・東海地方は板葺、という結果になるそうです。対象とした建築物の用途等はバラバラではありますが、実際、中部地方にある中山道の宿場町であったところには板葺の町家が多く残っていますので、この結果は地域ごとの屋根景観を反映しているといえるのではないでしょうか。

さて、瓦のところで紹介しましたが、江戸時代、都市の防火対策も兼ねて全国の城下町にある町家に瓦葺が普及するのは19世紀に入ってから、と考えられています。つまり、限られたものを除くと、それまでの民家の屋根は板葺や茅葺であり、その後、瓦葺に移行するという流れになります。ただし、特に雪深い地域においては、瓦葺の普及以降も板で葺いていたところがあります。城下町金沢の町はずれにあった町家である旧松下家住宅（国重要文化財）や、城下町弘前の武家住宅であった旧伊東家住宅（1-23）などが該当します。特に、弘前藩では、農家住宅に対して「柾《まさ》屋根禁止」を命じている反面、町家や武家住宅

1-23　旧伊東家住宅

などの都市部の住居については「柾屋根禁止」は省いていました。ここでいう「柾」とは、ヒバの割り木羽のことですが、①積雪に対して瓦葺より優れている、②防火上、茅葺より優れている、という理由から、城下町弘前では板葺を使用していたようです。

一方、屋根材のほかに、伝統的な町なみの中で存在感のある板としては、板壁を挙げることができ

1-24　下見板張

ます。特に、町家や土蔵などの外壁は漆喰で仕上げて防火対策としていますが、雨などによる傷みを抑えるために**下見板**などで漆喰壁を覆うことがあります（1－24）。耐用年数が来た下見板は**折釘**《おれくぎ》などによる押さえを取ってはずし、再び新しい下見板を設置します。また、近隣で火災が発生した時も同じようなやり方で土蔵などの下見板をはずしますが、これは燃えやす

下見板　壁の横板張りで、板を下から互いに少しずつ重なるように取り付けたもの。

折釘　頭を折れ曲げた釘。断面が角形の和釘（角釘）の一つ。

い部分を土蔵から離すことで、土蔵本体の被害を最小限にするように工夫されています。

　このように、板は建築物を包み込むことにより、自然や災害から守りながら、伝統的な風景を構成する要素として貢献していることがうかがえます。

近江における「板」の風景

　現在の滋賀県において、板葺の建築物といえば、神社・寺院建築になりますが、『日吉山王祭礼図』（大津市歴史博物館蔵）に描かれた大津百町の家並みを見ると、江戸時代前期には、板葺の町家が数多く存在していたことが分かります。現在、滋賀県内の伝統的な集落・町なみにおいて、板葺屋根の民家を見かけることは、残念ながらありません。しかし、18世紀中頃に建築されたと考えられている北国街道・木之本宿の町家（1‒25）などは、現在は桟瓦葺ですが、もとは柿葺であったと推測されています。

1-25　木之本の町家

　また、18世紀初期に建築されたと思われる高島市海津地区の町家（1-26）はかつての西近江路沿いに建っていますが、勾配が3寸5分ほどの緩い**屋根勾配**を持つ町家です。この町家は、①屋根を支える部分の痕跡から、かつての屋根勾配は3寸となる、②かつての屋根の構造では、瓦の重量を支えることが難しい、という点から、かつては板葺の石置き屋根で

屋根勾配　屋根面の傾斜の度合いのこと。屋根の素材によって、屋根勾配が決まってくる。

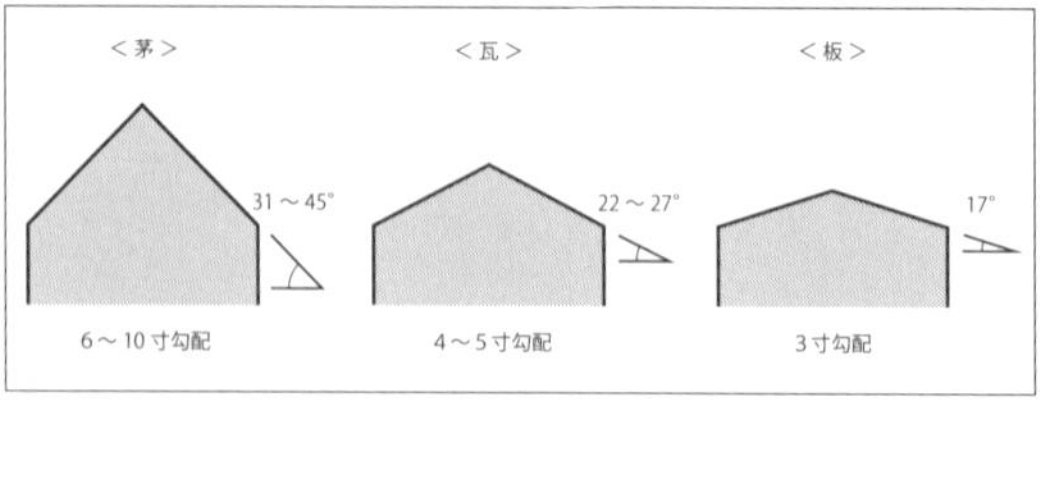

1-26　海津の町家

あったと推測されています。このように、形を変えながらも板葺であった民家が残っており、かつての町なみの記憶をとどめる地域遺産であるといえます。

このように、滋賀県においては、板葺の民家を見られませんが、一方で、現在も伝統的な風景を構成する素材として、舟板を挙げることができます。舟板は、かつて琵琶湖や内湖などを行きかってい

1-27　舟板の腰壁板を持つ土蔵

た舟に使用された古材ですが、門の脇塀や板塀、あるいは土塀・土蔵の**腰壁**板として使用されています（1-27）。舟として使われていた材であるがゆえの風合いと、昔ながらの角釘によって短い間隔で留められている舟板の姿は、県外の人たちの目には印象的に映るそうです。よく見れば、かつての舟の形がそのまま仕上げに反映されているのもあり、湖国・滋賀県を

腰壁　壁面の仕上げなどが上下で異なる場合、下部の壁面のこと。

代表する景観といってもいいのではないでしょうか（1－28）。

このほか、板の表面を焼いて仕上げとする焼板も、滋賀県内にある伝統的な風景を構成する板として挙げることができます（1－29）。これは、板の表面を焼くことで作られる炭化層により、板の防水性を高め、建築物を雨水や湿気などから守る狙いがあります。ただし、経年により、板表面の炭化層が剥がれてしまいます。一説には、焼板は滋賀県から西の地域のみで用いられる伝統技法といってよいそうです。

焼板の作り方としては、①三角形の断面ができるように3枚の板を組み合わせて煙突状にして立ておこす、②下から火をつけて、内側だけが焼けるようにする、③すべての板の表面を焼くことができたら水につけて火を消す、という工程になりますが、バーナーで板を直接焼く方法も採用されているようです。このような焼板ですが、国の重要文化的景観に選定されている高島市新旭町針江地区（以下、針江地区とする）やその周辺では、瓦葺の民家で多く使われているのを見ることができます（1－29）。この地域は、扇状地の扇端部で地下水位が高いため

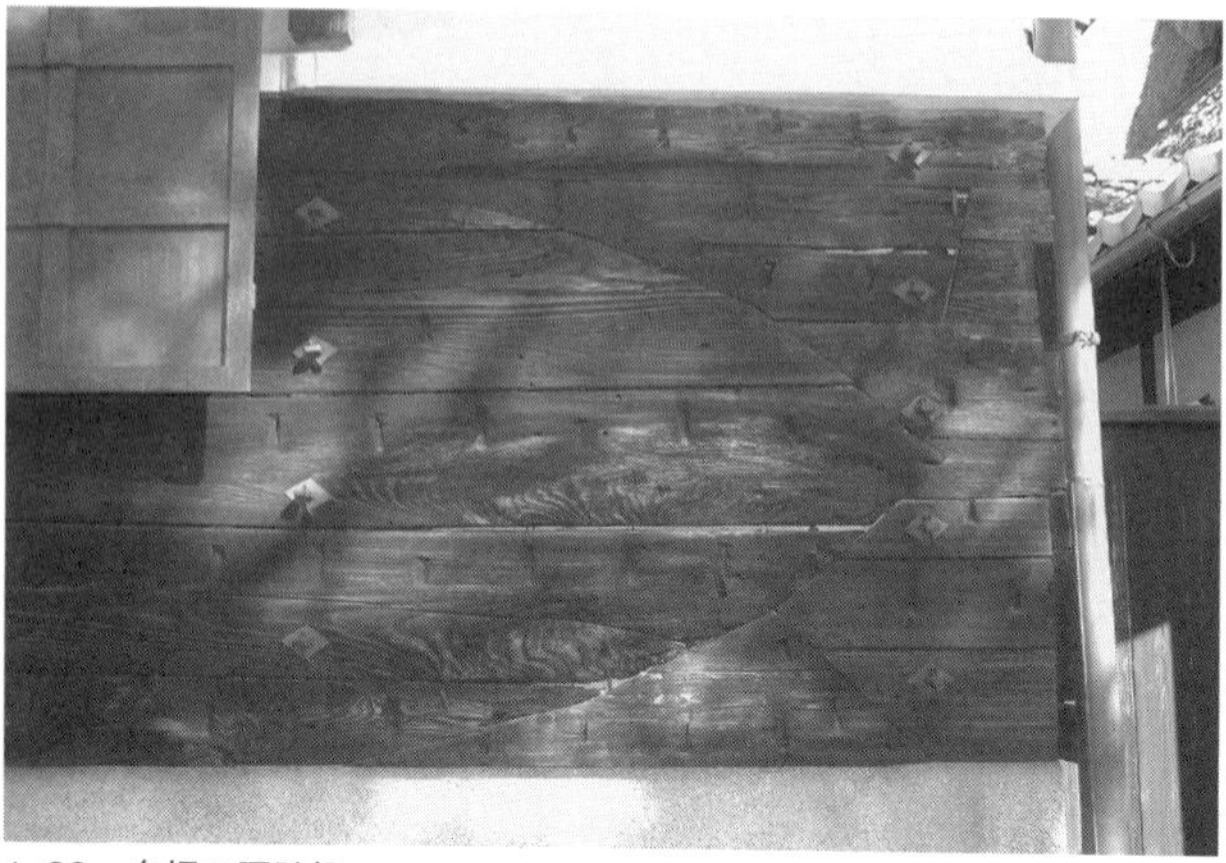

1-28　舟板の腰壁板

1-29　焼板

1-30　繊維工場

に湧水の豊かなところが多く、湿気対策として重宝されているものと思われます。
一方、針江地区周辺では、昭和30〜40年代に繊維工業が盛んであったこともあり、現在、木造・平屋建・切妻屋根の繊維工場が残っています（1-30）。その工場の外観は横板張りで仕上げたものが多く、中には横板に着色を施したものも見受けられます。なお、先ほどご紹介した焼板を使った民家などは縦板張りが多いため、同じ集落内において、板張りの向きが異なる建築物が混在する農村景観がひろがっています。

　他に、板による伝統的な風景というと、建築物ではありませんが、板塀があります。ただ、板塀はさまざまな種類があるため、ここでは一風変わった板塀をご紹介したいと思います。その板塀は、かつての八幡商人の本宅が建ち並び、現在、国の重要伝統的建造物群保存地区に選定されている近江八幡市八幡地区にあります。ここでは、大店《おおだな》の証《あかし》である「見越しの松」が前《せん》栽《ざい》に植えられており、町家が建ち並ぶ景観に彩りをあたえています。通常、この前栽に入るための客門が設けられているのですが、周囲の板塀と区別がつかないようにした客門もあります（1－31）。板塀にあわせて非常に薄い門扉を

1-31　**八幡商人宅の板塀**　客門が目立たないように設けられている。

作った技術力の高さに目を見張るものがありますが、普段は人目の付かない部分に意匠を凝らすあたりに、当時の八幡商人が持っていた美意識もうかがい知ることができます。

このように、ここでは、伝統的な風景の中にある「板」や「板」にまつわる建造物について取り上げてみました。板は天然素材ですから、ある程度の歳月が過ぎれば、経年変化によって生み出される風合いのおかげで、新しい材料であったとしても伝統的な風景の中になじむことができる素材といえます。そのような視点から考えても、歴史的建造物が多く存在している滋賀県において、板は今後も重要な素材といえるのではないでしょうか。

コラム

町なみのなかの板塀（東近江市五個荘金堂地区）

国の重要伝統的建造物群保存地区に選定されている東近江市五個荘金堂地区（以下、金堂地区とする）は、湖東平野のほぼ中央にあり、L字形をした集落になります。集落内の主な街路は古代条里における坪割《つぼわり》線にほぼ重なっていることが知られており、古代条里を継承した通りを骨格に、江戸時代後期から昭和時代前期にかけての五個荘商人の本宅群と伝統的な農家住宅が並ぶ景観が広がっているのが金堂地区の特徴となります（1-32）。

この金堂地区では、屋敷を取り囲んでいる板塀も伝統的な町なみを強く印象づけています。地区内をよく見回すと、目板を竹にしているもの（1-33）、板を食い違いにしているもの、柱や貫をベンガラで彩色しているもの、焼板を利用しているもの、などいろいろな表情を持つ板塀が存在しているのが分かります。また、先ほどご紹介したような腰壁板に舟板を使っている土蔵（1-27、1-28）や付属屋なども多く見ることができ、板に注目して町なみを散策してみるのもよいのではないでしょうか。

1-32　金堂地区の町なみ

1-33　目板を竹にした板塀

第二章
意匠

店構え

近江は、畿内と東国・北陸を結ぶ交通の要衝であったことなどから、近世には多くの街道が存在していました。そのためか、今でも、かつての街道の面影を残す風景を多く見ることできます。特に、町家による宿場の町なみはその代表といえるでしょう。

このような町なみにおいては、通りに面する町家の**店構え**が景観の重要な要素となりますが、特にその土地の特徴が色濃く反映されるところでもあります。例えば、京都では「千本格子」と呼ばれる繊細な意匠の格子戸が有名ですし、奈良では太めの材を使った「法蓮格子」などがよく知られているところであります。一方で、京都の町家の店構えでは、「米屋格子」「酒屋格子」「炭屋格子」といったその店の職業を表している格子がありますが、統一感のある風景のなかにも多様な意匠が存在しています（2-1、2-2）。

店構え　ここでは、町家1階の通りに面した部分のことを指す。

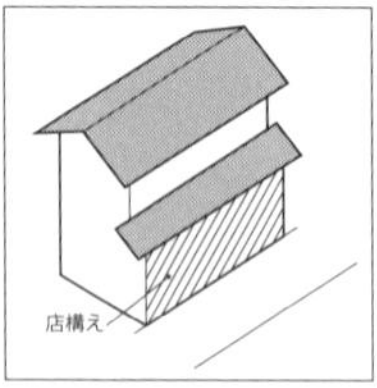

2-1　京都市内の格子１

2-2　京都市内の格子２

そこで、ここでは、町家建築の表情に大きな影響を持つ「店構え」について見ていきたいと思います。

町家の店構え

大場修著『近世 近代 町家建築史論』(中央公論美術出版、2004年)では、全国の町家遺構を対象に、引戸・揚戸《あげど》(蔀戸《しとみど》・すりあげ戸)・格子による町家の店構えについて取り上げ、その歴史的変遷などについて述べています。ここでは、『近世 近代 町家建築史論』を参考に、町家の店構えの特徴について紹介いたします。

まず、引戸による店構えは、特に近畿地方における古い町家に見いだされるそうですが、これは突き止め溝や雨戸引きとともに用いられており、このあとの揚戸のところで紹介するすりあげ戸に先行する古式の装置であると位置づけられています。しかし、江戸時代後期以降は、揚戸や格子に改装されたため、当時の姿を残す町家はごくわずかです。

次に、揚戸による店構えですが、江戸時代を通じて地域と年代を問わずに広域に存在することが指摘されています。蔀戸（2-3）が古代以来の伝統的な建具であるのに対し、すりあげ戸（2-4）は江戸時代の町家において発達した建具です。どちらも開放的な店構えになるため、町家建築において広く普及したものと思われます。また、関西では、蔀戸の下戸の代わりに揚見世《あげみせ》（2-5）が使われることもあります。

最後に、格子による店構え（2-6、2-7）ですが、古くは近畿地方に集中し、年代を下げながら西日本を中心に中部・北陸方面まで広がりを見せることが確認されています。特に、江戸時代において、店構えが揚戸から格子へ移行・普及するように

2-3　蔀戸　下戸を落とし込み、上戸をはね上げる建具。下戸の代わりに揚見世を使うこともある。

2-4　**すりあげ戸**　柱に沿って板戸を引き上げる建具。

2-5　**揚見世**　町家の正面や軒下にある収納型の縁台。ばったり床《しょう》几《ぎ》ともいう。

2-6　**出格子**　外壁から突き出た形式の格子。

2-7　**平格子**　外壁から突き出ない形式の格子。

なったのは、格子の持つ格式性とともに、格子が本来的に備えるその意匠性が大きな意味を持つと指摘されています。ただし、町家建築における格子の本格的な普及と意匠性の追及は、多くは明治時代以降であるため、その意味では、格子による町なみの形成は、京都などを除けば近代の所産である、と述べられています。

このように、町家の店構えは、大まかにいうと引戸→揚戸→格子というように変遷してきたため、現在、町家といえば、格子による店構えを想像する人が多いと思います。また、意匠が優れていることから、全国の歴史的町なみの修理・**修景**事業においても、格子を用いたものが多く見受けられ、伝統的な意匠要素として活躍しています。

近江における店構え

前述の『近世 近代 町家建築史論』によれば、滋賀県湖東地域などはすりあげ戸が比較的多い地域として知られていますが、ここからは、近江の伝統的な町家における店構えについてみていきたいと思います。

修景 歴史的景観内にある伝統的ではないものに対して、その景観に馴染むように整備すること。

2-8　大角家住宅・外観

まず、17世紀後期に建築されたと考えられている国重要文化財・大角家住宅(2-8)は、「和中散《わちゅうさん》」と呼ばれる胃腸薬を製造・販売していたことでも知られています。その店構えはすりあげ戸ですが、2-9のように2段の板戸と取り外し可能な**方立《ほうだて》柱**によって構成され、入口の大戸もはね上げることができるため、間口10間がすべて開け放たれた店構えは、非常に開放的な印象をあたえます。大

方立柱　柱と柱の間に立てる補足材。

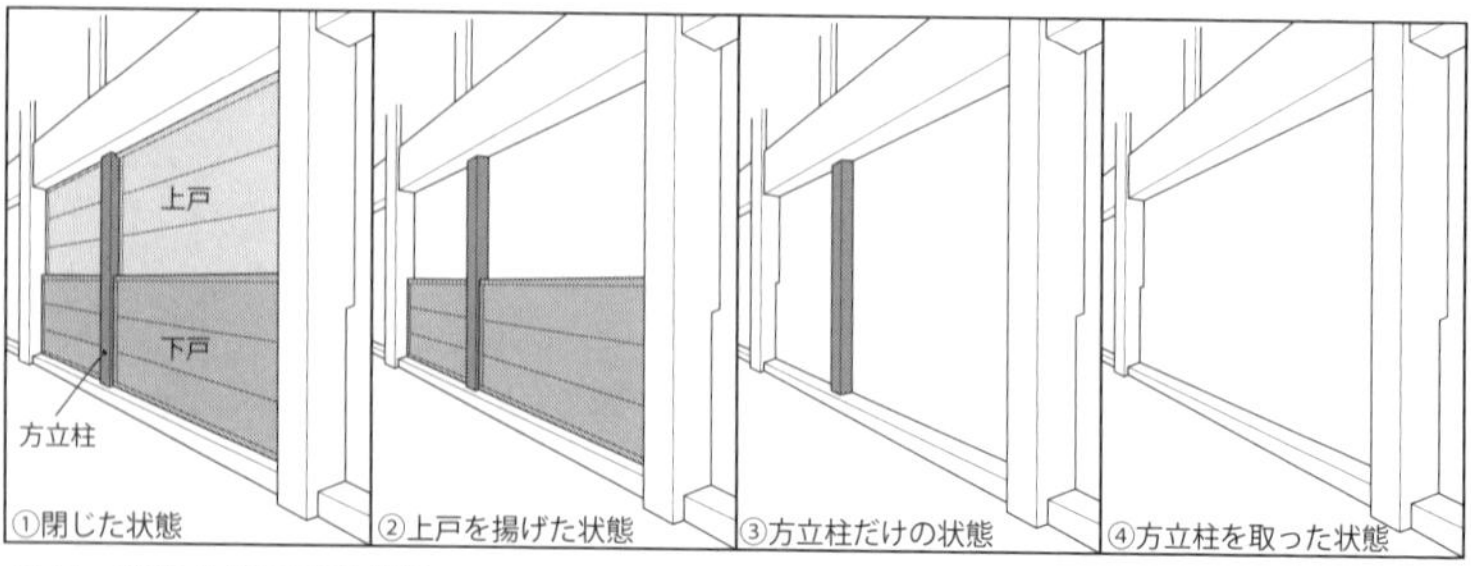

2-9　すりあげ戸の仕組み

角家住宅は東海道沿いに建っているため、このような開放的な店構えは、みせ西側にある木製の大きな動輪を持つ製薬機械を利用した実演販売にも効果的であったと思われます。なお、過去の修理工事に伴う調査より、当初の店構えは引戸による古い形式であり、安永4年（1775）に現在のようなすりあげ戸に変更したとする記録も残っているそうです。

次に、近江八幡市にある国重要文化財・旧西川利右衛門家住宅ですが、宝永3年（1706）に建築された町家です。西川利右衛門家は、畳表や蚊帳の行商から店をおこし、江戸・京・大坂に出店《でだな》を構えていた有力な八幡商人でした。この町

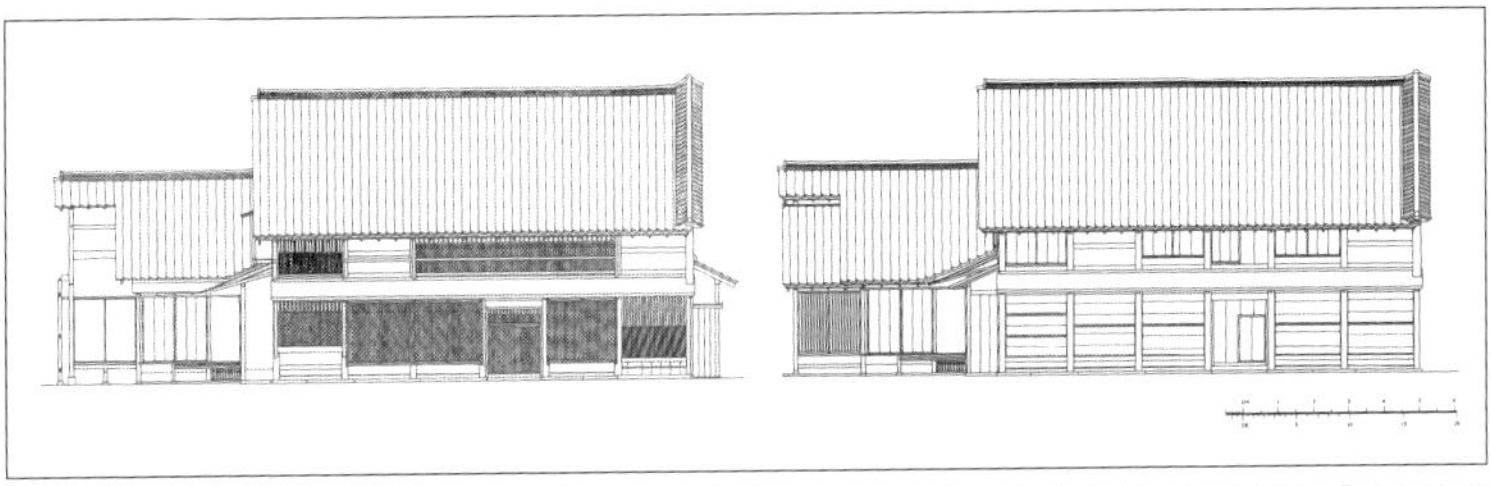

2-10　旧西川利右衛門家住宅・正面図（滋賀県教育委員会文化部文化財保護課編『重要文化財　旧西川家住宅（主屋・土蔵）修理工事報告書』1988年）
左は近代以降、右は当初の店構えである。

家は、すりあげ戸を持つ遺構としては最古級の町家と考えられていますが、近代になって店構えがすりあげ戸から格子に変更されたことが分かっています（2-10）。これは、幕末以降、西川利右衛門家が以前ほどの勢いがなくなり、明治25年（1892）頃に廃業することと関係していると思われます。つまり、廃業後、**仕《し》舞屋《もたや》**として使用するにはすりあげ戸は暗く、不便であったので、採光通風に有利な格子に変更したと推測できます。現在は、昭和60年（1985）から約3年かけて行われた半解体修復工事によって、店構えはすりあげ戸に戻りましたが、当初のままだと室内が暗いこともあり、現在

仕舞屋　商家ではない、普通の住居。

2-11　木之本宿の町家

は上段の板戸から採光できるようにしてあります。

また、北国街道の宿場町であった長浜市木之本町木之本にある町家（2-11）は、宿場の本陣であった建物であり、建築年代が18世紀中頃と考えられている、木之本宿内で最も古い町家です。この町家の店構えは、現在、引違いのガラス戸ですが、これまでの調査から、建築当初は蔀戸であったものが、幕末には戸袋から格子戸を引き出す形式になっていたことが明らかに

2-12　旧長浜町の町家

なっています。同じく北国街道沿いにある長浜市旧長浜町にある町家（2-12）においても、以前の調査から、建築当初は現在のような格子による店構えではなく、蔀戸（2-3）と揚見世（2-5）によるものであったことが分かっています。

ここまで見てきたように、現在の店構えが格子によるものであったとしても、これは当初からではなく、長年住み続けていくなかで改装した結果である場合も含まれています。このように、近江には、町家の店構えの変遷がわかる貴重な町家が現在も多く現存しています。

一方、通常ではあまりお目にかかれない町家の店構えとしての土戸《つちど》もご紹介したいと思います。土戸とは、防火のために外面が土塗りまたは漆喰塗りされている引戸のことです。通常は戸袋などに収納され、近隣で火事が発生すると町家前面に引き出されて町家を守る「防火扉」のような役割を果たしたといわれています。

近江八幡市にある中山道・武佐宿の町家（2-13）は、建築年代が19世紀初頭と考えられている町家です。当初の店構えは、両端の半間を除き、すべてすりあげ戸だったことが分かっていますが、この町家の土戸は、すりあげ戸のすぐ外側を通っていたようです。そのため、1階庇の軒裏はすべて塗り込められていますし、かつて土戸が通った溝も見ることができます（2-14）。

また、彦根市にある七曲がり地区の町家（2-15）は、江戸時代後期と考えられている町家です。この町家も土戸を備えていますが、土戸

2-13　武佐宿の町家・外観

2-14　武佐宿の町家・土戸の位置

の位置が武佐宿の町家とは異なります。七曲がり地区の町家の場合、土戸は町家1階壁面よりおよそ半間ほど外側の庇下を通っていました（2－16）。そのため、1階庇の軒裏は、土戸が通る場所より外側は塗り込められていますが、内側については塗り込められていません。

このような町家は現存数が少ないのですが、もし、町家1階庇下の地面に2－16のような花崗岩の1本溝が見つかれば、七曲がり地区の町家のような土戸を備えていた可能性があります。

このように、ここでは、町家の「店構え」について取り上げてみました。町家の代名詞ともいえる格子の店構えを持つ町家は滋賀県内にも多く存在しますが、その中にはここで取り上げたように、それ以前の店構えを持っていた町家も含まれています。現在、私たちが見ている伝統的な建造物による景観は、各時代の人々の手が少しずつ加わりながら醸成して作り上げられたものといえるのではないでしょうか。

2-15　七曲がり地区の町家・外観

2-16　七曲がり地区の町家・土戸の位置

コラム

北国街道沿いの店構え（長浜市旧長浜町地区）

かつて、伝統的町家が集中して残っているということで、町なみ保存調査が行われた長浜市旧長浜町は、羽柴秀吉により天正2年（1574）から建設された城下町を基本とし、そののち、彦根藩領の在郷町として、周辺各村の経済的中心地の役割を果たしたところです。近年は、伝統的な建造物・町なみを活かした観光地「黒壁スクエア」があるところとして県内外に知られています。この「黒壁スクエア」内を南北に縦断する通りがありますが、これが、かつて中山道から分岐して北陸につながる主要街道であった北国街道になります。

実は、江戸時代に旧長浜町は北国街道の宿場町でもありましたので、現在、観光客でにぎわう「黒壁スクエア」よりも南側の少し離れた街道沿いなどでは、出格子（2-6）や平格子（2-7）による店構えを持つ伝統的な

2-17　北国街道沿いの町家

町家（2-17）が点在しています。また、北国街道に直交する通り沿いにも伝統的な町家を見ることができますので、この界隈では、当時の華やかであった時代の面影を今も感じることができます。

卯建・袖壁

かつての城下町や宿場町では卯建《うだつ》や袖壁《そでかべ》を持つ伝統的な町家を見ることができますが、町家が軒を連ねる風景の中で、このような町家は人々の目を引きます。特に卯建は、「うだつが上がらない」という言葉に代表されるように、以前は富の象徴として考えられていました。例えば、岐阜県美濃市にある美濃町重要伝統的建造物群保存地区（2-18）は、かつて美濃紙の生産で繁栄しましたが、現在、その当時の面影を残す町家が数多く残り、卯建のあがる町として広く知られているところであります（2-19）。

近江は古《いにしえ》より交通の要所として知られた場所であり、江戸時代には五街道である東海道・中山道を筆頭に多くの街道が存在していました。そのような街道に点在していた宿場町には、今も卯建や袖壁を持つ伝統的な町家が残っており、当時の繁栄を今に伝えています。

2-18　美濃町の町なみ

2-19　美濃町の卯建

そこで、ここでは伝統的な町家で見られる「卯建」と「袖壁」について見ていきたいと思います。

卯建・袖壁とは

まず、今回取り上げる卯建・袖壁は、とりあえず次のように定義したいと思います。

・卯建：主に建物妻側にあり、屋根面より高く上げて小屋根をかけたもの（2-20）。

・袖壁：建物2階部分の軒下両側（あるいは片側）に設けられた壁（2-21）。

なお、卯建を「本卯建《ほん》」、袖壁を「袖卯建《そで》」と呼ぶこともあります。

さて、「卯建には防火の役割がある」という説明をよく聞きますが、当初はそのような役割はありませんでした。室町時代末期の京都市中および郊外の風景を描いたとされる「洛中洛外図屏風」（歴博甲本）などを見ると、石置き屋根である町家の卯建は、茅葺や板葺で描かれて

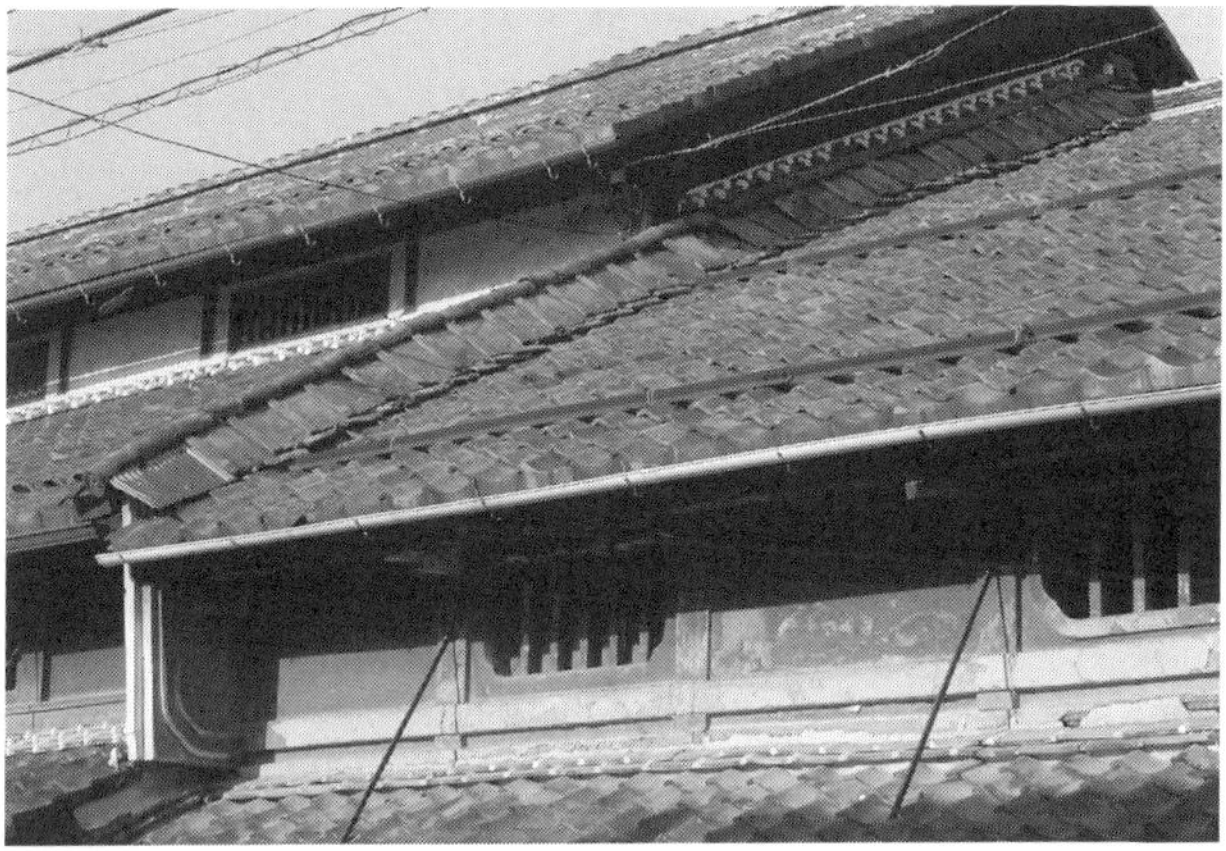

2-20　卯建

2-21　袖壁

いるからです。そのため、当初の卯建は、石置き屋根の端を整えて雨風などから保護する目的があったと推測されています。防火の役割が出てくるのは、瓦葺が一般に普及し始める江戸時代中期以降になると思われます。なお、平安時代中期に作られた辞書である『倭名抄』によると、妻側の**棟束**《むなづか》を指すものと考えられており、『日本書紀』では「うだち」と発音したようです。

近江における卯建・袖壁

中西徹著『うだつ—その発生と終焉—』（二瓶社、1990年）によれば、卯建の分布は京都を中心に中山道沿いが最も濃密であり、現在卯建が分布する地域は、幕末・明治時代初期頃まで京文化の影響下にあった、と述べています。近江でも、かつての城下町や宿場町で広く卯建が見られることが分かりますし、袖壁についても卯建と同様な分布をしていると考えられます。

それでは、近江における各地の卯建・袖壁について、いくつかご紹

棟束　棟木を支える部材。

2-22　海津の町なみ

介したいと思います。
まず、高島市マキノ町海津（2-22）ですが、ここは古くから知られた港町であり、江戸時代は西近江路の宿場町としても栄えたところです。現在は、国の重要文化的景観に選定され、町なみや湖岸沿いに連なる石垣が当時の面影を残しています。
ところで、現在の海津の町なみでは卯建を見ることはできませんが、古写真などではかつて卯建をあげる町家が存在していたことが分かっています。特に、前述の「洛中洛外図屏風」に見られるような卯建が、瓦葺の卯建に混じって建っていたようです。このように、中世末期の町家をほうふつとさせる建物がかつての海津には存在していました。

次に、近江八幡市の旧八幡町にある国重要文化財・旧西川利右衛門家住宅ですが、ここは、代々畳表や蚊帳などを扱い、江戸や京、大坂に出店を持っていた代表的な八幡商人の本宅でした。この建物は通りから見て右妻側に卯建（2－23）があがっている瓦葺の町家ですが、実は、通りから見て左妻側に、建築当初は板葺であったと考えられる痕跡があります。2－24で螻羽《けらば》を見ると、当初の板葺の上に瓦を葺いていることが確認できます。建築年代は墨書から宝永3年（1706）とされており、瓦葺が一般に普及する前の町家として貴重な存在といえます。なお、旧八幡町には、旧西川利右衛門家住宅のように、もとは板葺であったと思われる卯建を持つ町家が今も数軒存在しており、ここでも「洛中洛外図屏風」に描かれている町家が現在にまでつながっ

螻羽　切妻屋根の端（妻側）の部分。

2-23　旧西川利右衛門家住宅

2-24　旧西川家住宅・板葺の痕跡

2-25　草津宿本陣の卯建

ていることを教えてくれています。

一方、草津市にある国史跡・草津宿本陣は、江戸時代、東海道と中山道の合流・分岐点に位置する草津宿にあった2軒の本陣のうちの一つです。通常、卯建は建物の大屋根の妻側に位置していますが、この本陣建物は街道側にある庇の両側に卯建が立ちあがっており、通常のものとは意匠が異なります（2－25）が、当初は板葺であった可能性が

2-26　大角家住宅・主屋

あります。なぜならば、当初、板葺の庇の両端に卯建をあげることで風雨による被害を抑えていたが、庇が瓦葺に変わり、役割がなくなった後も卯建は残ってしまったものと推測されるからです。卯建の存在によって、かつての建物の姿を垣間見ることができる例といえるでしょう。

栗東市にある国重要文化財・大角家住宅は、17世紀後期に建築された滋賀県を代表する町家（2－26）です。

この大角家は、代々、弥右衛門を襲名し、屋号を「ぜさいや」といいますが、江戸時代に「和中散《わちゅうさん》」と呼ばれる胃腸薬を製造・販売していたことで有名であり、また、東海道水口宿と草津宿の間にあった合《あい》の宿の御小休《おこやすみ》本陣を務めていました。この大角家の主屋には、奈良県の伝統的な農家で見られる「高塀《たかへ》」のような卯建が両側にあるのが特徴であり、本瓦葺の重厚なつくりとなっています。『東海道名所図会』（寛政9年〈1797〉刊行）に描かれている大角家住宅は、一階みせ部分の様子や卯建の形態など現存する建物と同じであるといえますが、屋根が茅葺のように表現されている点が大きく異なります。ただ、同じ寛政9年に刊行された『伊勢参宮名所図会』内の大角家を見ると、瓦葺で表現されています。一方、東海道を挟んで反対側にある付属屋（2-27）では、大名やその他の武家などが休憩するために馬を繋いでいましたが、この馬つなぎも『東海道名所図会』に描かれています。『東海道名所図会』の馬つなぎを見ると、①茅葺のように表現されている、②一方の妻側に卯建と思われる小屋根が確認できる、という点

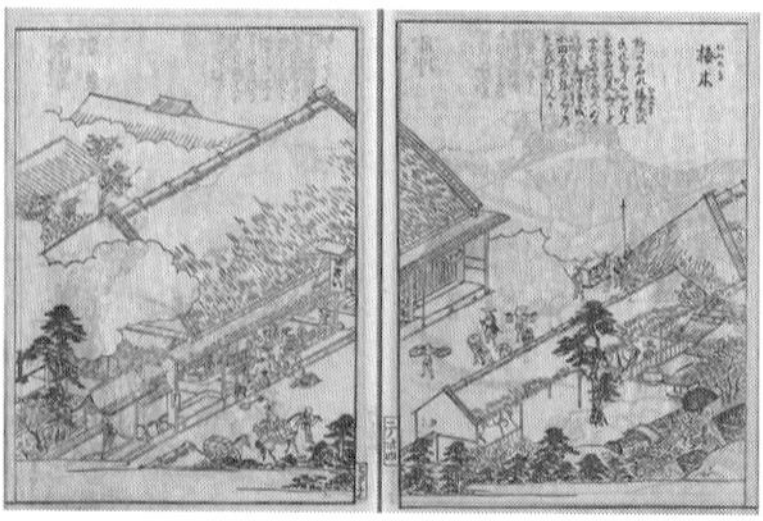

『東海道名所図会』の大角家住宅
（国立国会図書館蔵）
主屋は左、馬つなぎは右下にみえる。

2-27　大角家住宅・馬つなぎ

が現在のものとは異なります。近江では、この大角家住宅を含め、卯建本来の役割を見てとれる建物が多く存在しているといえるでしょう。

　また、富の象徴として語られることが多い卯建ですが、前述の『うだつ―その発生と終焉―』によれば、「卯建の北限は岩手県盛岡市であるが、それらは江戸時代に盛岡で活躍した近江商人が成功の証《あかし》として、町家に

『伊勢参宮名所図会』の大角住宅
（国立国会図書館蔵）
主屋（中央）の屋根は瓦葺だが、馬つなぎ（右下）は茅葺である。

2-28　卯建の痕跡

卯建をあげた」と言及しています。現在、東日本では西日本ほど卯建のある町家を見ることができませんが、盛岡の地にある卯建は、故郷・近江に想いを馳せた人たちによって造られたのでしょう。

なお、現在は卯建を見ることがない町なみにおいても、かつての卯建の痕跡を見ることができる場合もあります。2－28の卯建は、隣家の建て替え時に表側部分が消失してしまったと思われますが、かつての繁栄を、人目につきにくい屋根の上からひっそりと語りかけています。

　次に、袖壁ですが、彦根市七曲がり地区は彦根城下町と中山道を結ぶ街道沿いにあり、江戸時代から仏壇の町としても知られていました。その名の通り、街道が頻繁に屈曲していることが地区の特徴となっています。この七曲がり地区には江戸時代からの伝統的な町家が多く残っていますが、そのひとつの特徴として袖壁を挙げることができます。2-21のような伝統的な袖壁をよく見かけますが、中には2-29のような二重袖壁卯建もあります。これには、袖壁自身に小屋根がついていますが、近代に入ってから特に大阪などで見られるようになった袖壁です。

2-29　二重袖壁卯建

袖壁の変遷

近江においては、卯建よりも袖壁を持つ伝統的な町家が多く残っており、近江の風景を形作る重要な要素といえます。そこで、彦根市河原町・芹町地区にある伝統的な町家を例にして、時代による袖壁の変遷について見ていきたいと思います。

河原町・芹町地区は、七曲がり地区と同様に、江戸時代、中山道から彦根城下町に至る街道沿いに軒を連ねて町家が建ち並んでいました。この地区を貫く街道が折れ曲がった形態をとっているのは、城下町整備の際に芹川の旧河道を埋め立てて地割りをしたことに起因しているとされています。現在、この地区は、旧街道に建つ町家群が商家町としての歴史的風致をよくとどめており、平成28年（2016）に国の重要伝統的建造物群保存地区に選定されています。

河原町・芹町の町なみには、江戸時代から戦前までの伝統的な町家を見ることができますが、袖壁に注目してみると、時代が下るにつれ

2-30　江戸時代の袖壁

てそのプロポーションが縦に伸びていく傾向があります（2－30、2－31）。これは、時代とともに、町家の2階部分が高くなっていくことに関係しています。また、江戸時代の袖壁（2－30）は漆喰で塗り込めて**刳形**《くりがた》と呼ばれる模様を施していますが、大正時代の袖壁（2－31）では木で縁取るものが多く見られ、意匠の簡素化が読み取れます。

刳形　帯状の装飾。

2-31　大正時代の袖壁

　このように、ここでは近江の卯建・袖壁を見てきましたが、これらは富の象徴であるがゆえに様々な意匠が施されました。そのため、卯建・袖壁は、その土地の地域文化を表しているともいえるのではないでしょうか。ぜひとも、伝統的な町なみを訪れた際には、この卯建・袖壁に注目して散策されることをお勧めします。

コラム

「うだつ」の町なみ（長浜市木之本地区）

袖壁を持つ伝統的な町家がよく残っている長浜市木之本町木之本は、かつて琵琶湖の東側を南北に貫く北国街道の木之本宿として栄えたところであります。また、木之本地蔵の名でも有名な浄信寺の門前町としても知られています。現地を訪れると、かつての宿場の中心地が伝統的な町なみにしては道幅が広い印象を受けますが、これはかつて街道の中央に水路が流れていたためであり、江戸時代後期の「木之本浄信寺門前絵図」や、昭和初期の古写真でも確認することができます。

現在、木之本宿の町なみを歩くと伝統的な町家を多く見かけることができます。特に浄信寺近辺では、袖壁を持つ伝統的な町家による町なみ（2-32）がひろがり、かつての宿場の景観を感じることができます。なお、当地では、袖壁のことを「うだつ」と呼んでいます。これは、さきほど、袖

2-32　木之本宿の町なみ

壁のことを「袖卯建」と呼ぶことがあると述べましたが、この「袖」の字がいつのまにか省略されてしまい、袖壁を単に「うだつ」と呼ぶようになったのではないかと思われます。

また、木之本宿の伝統的な町家の中に、入母屋造の妻入り町家を数軒見ることができます。この建物は「ガッショウクズシ」（屋根を茅葺から瓦葺に変更すること）を行って現在の姿になったようですが、以前はもっと建っていました。この中には、中国・九州地方で見かける袖壁を持つ妻入り町家があり、貴重な存在でしたが、現在ではその姿を見ることはできません。

屋根

ドイツの建築家であるブルーノ・タウトが、その著書『日本美の再発見』（岩波書店、1939年）において、「これらの家屋はその構造が合理的であり論理的であるという点においては、日本全国を通じてまったく独特の存在である」と絶賛したのは、飛騨白川郷（岐阜県大野郡白川村）にある民家です。平成7年（1995）、このような民家による集落景観は、越中五箇山《ごかやま》（富山県南砺市）とともに世界遺産に登録されており、日本を代表する集落景観といえます。この景観を最も印象づけているのは「合掌造り」と呼ばれる茅葺屋根です（2-33）。一般的に、民家の地域性を考える上ではその「間

2-33　五箇山・菅沼の集落

取り」が基本となりますが、地域の伝統的な景観の主役として建物の「屋根」を思い浮かべる人も多いのではないでしょうか。

　そこで、ここでは、「屋根」に注目しながら、伝統的な風景を見ていきたいと思います。

民家の屋根と地域性

　まず民家の話に入る前に、日本の伝統的建造物の代表である寺院建築と神社建築の屋根について見ていきたいと思います。三浦正幸著『神社の本殿　建築にみる神の空間』（吉川弘文館、2013年）によれば、古代寺院では寄棟造の屋根が高貴とされていたのに対し、神社では**切妻**造を最上位と考えていたようです。つまり、屋根形式の序列で見てみると、寺院では、①**寄棟**造・②入母屋造・③切妻造、の順であるのに対し、神社では、①切妻造・②入母屋造・③寄棟造、と全く逆になります。また、古代の寺院本堂の屋根が瓦葺であったのに対し、神社本殿は茅・檜皮・板といった植物性のものであった違いがありま

切妻・寄棟　0-2を参照。

す。これらの違いは、大陸伝来の建築（寺院）と日本古来の建築（神社）、という出自の違いが反映していたと思われますが、時代が下るにつれ、お互いの建築様式が影響しあい、近づいていきます。

さて、全国にある伝統的な民家の屋根は、実に多種多様です。日本列島における民家の屋根形態の多様さには、地域ごとの気候や文化の違いなどが影響していると考えられています。例えば、先ほどご紹介した「合掌造り」は、60度の急勾配を持つ切妻屋根ですが、これには、①豪雪への対処（積雪が屋根から滑り落ちやすいように）、②屋根裏の利用（広い空間が必要とされる養蚕のために屋根裏を利用）、という理由がありました。

「合掌造り」と同じように、養蚕のための工夫として屋根が発達したものに、「かぶと造り」があります。これは、茅葺民家の屋根の妻側あるいは平側を切り上げ（あるいは切り落とし）た姿が兜を正面から見た形に似ているところから連想された呼び方とされており、東日本に多く見られます。この中でも、山形県の「タカハッポウ」と呼ばれ

2-34　タカハッポウ

ているかぶと造りは、寄棟を袴腰型に切り落とし、破風には窓をつけるなどして中2階が発達しましたが、それにともなって、屋根も実に変化に富んだ形態となっております（2－34）。

一方、近畿地方にある特徴的な民家の屋根というと、奈良県の奈良盆地を中心に、大阪府の河内平野にも多く見られる「大和棟《やまとむね》（高塀《たかへ》造り）」を挙げることができます

2-35　大和棟

（2−35）。急勾配の茅葺切妻屋根の両妻側を白壁とし、その上を平瓦2〜3列幅に丸瓦と組んで本瓦葺風に葺き下ろした形になっています。この大屋根の下は普通四間取りの床張り部分であり、瓦葺の**落棟**《おちむね》の下は土間部分となっています。なお、18世紀後半から上層の農家が大和棟を取り入れたのが、その成立の始まりとされています。

　また、かつて隣同士であった盛岡藩（主に現在の岩手県）と仙台藩（主に現在の宮城県）

落棟　主屋の棟よりも一段低くなっている棟。

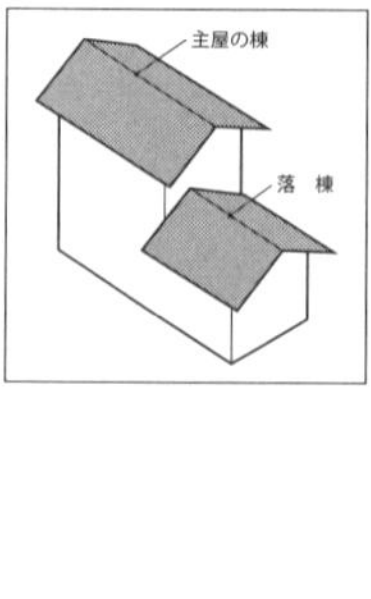

2-36　曲屋

に分布している江戸時代後期の民家を見ると、盛岡藩領では厩《うまや》を主屋内に取り込んでいる「曲屋《まがりや》」（2-36）が支配的であるのに対し、仙台藩領では主屋を「直屋《すごや》」とし、厩は主屋と別にしています。これは両藩が規定した農業政策などの違いが原因としていますが、一方で両藩の境界地域に限定して民家の分布をみると、どちらの領域にも「曲屋」「直屋」が混在し、その融合型も確認できるようです。これは、境界地域が平坦地で、

曲屋と直屋　「曲屋」は、平面がL字形で、突出部に広い厩を持ち、主屋の土間とつながっている民家。「直屋」は、平面が長方形の民家。

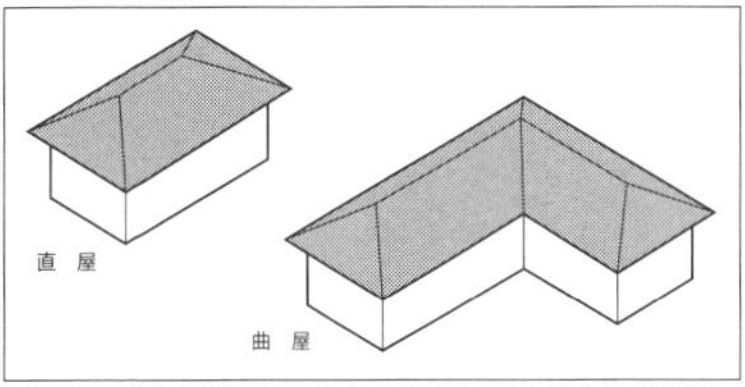

往来の多い街道や河川が存在することに加えて、境界地域における両藩農民のさまざまな日常的な相互交流が行われてきた地域的条件があったため、と考えられており、興味深い事例といえます。

このように、屋根は地域ごとの景観的な面白さだけではなく、様々な文化的影響を読み取ることができます。

近江の屋根と庇

それでは、滋賀県の民家の屋根形態について、見ていきたいと思います。奈良国立文化財研究所編『滋賀県の近世民家 ―滋賀県近世民家調査報告書―』（滋賀県教育委員会、1998年）によれば、農家住宅では茅葺・入母屋造で下屋《げや》部分を瓦葺とする例（2-37）が圧倒的に多い、とのことです。

2-37　滋賀県の茅葺民家

このことから、滋賀県の農家住宅による集落景観はどこでも一緒であるような印象を持たれるかもしれませんが、実際、県南部であれば**平入り**の農家住宅が多いのに対し、県北部では妻入りのものを多く見かけることができ、一様ではありません。建物の正面をどちらに構えるかによって、同じ屋根形態でも集落景観の印象は大きく異なります。

一方、町家においては、瓦葺・切妻造が一般的であるといえます。町家についても先ほどの農家住宅と同様のことがいえますが、ここでは、下屋部分にかかる小さな屋根「庇《ひさし》」に注目し、庇周りの違いによって建物の地域性が出ている例をご紹介したいと思います。

近江八幡市にある町家は、1階と2階の壁面線が一致しているものを多く見かけます（2−38）。これは、商売に適したすりあげ戸がこの地で好まれ、明治時代に入ってもすりあげ戸のある町家が建て続けられたため、と考えられています。このすりあげ戸は、前面をすべて開口するために二分割もしくは三分割した板戸を2階の床を突き抜けて収納します。そのため、1階と2階の壁面の位置をずらすことはでき

上屋《じょうや》と下屋　民家において、主要構造部分を「上屋」というが、「下屋」は上屋に接して設けられる空間で、通常、片流れの屋根がつく。

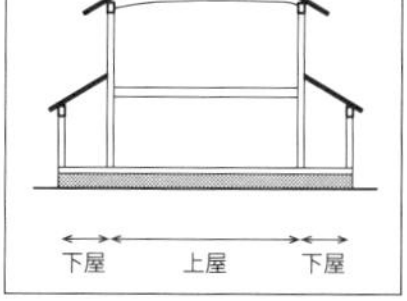

平入り　0−2を参照。

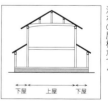

2-38　武佐宿の町家

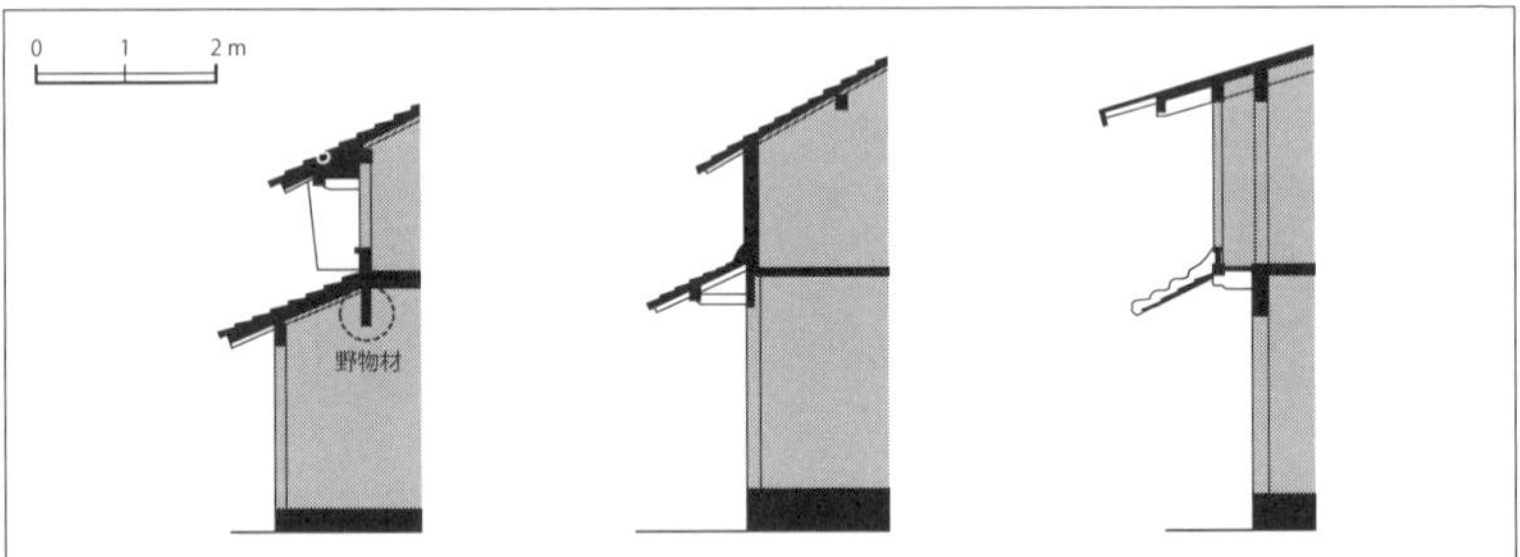

2-39　屋根と町なみ景観の関係

2-40　芹町の町家

ませんでした（2‐39・中）。

しかし、彦根市河原町・芹町地区では、約六割の町家は1階と2階の壁の位置は一致せず、1階部分が半間ほど前面に出ています。前面に出た空間に畳を敷くか床板を張り、内部として取り込んでいるため、庇部分が長くなります（2‐39・左、2‐40）。このような町家の中には、1階に残る柱列から、1階と2階の壁の位置が一致していた町家を改造したとわかるものが多いようです。その一方で、当初から庇下部分を室内に取り込んで利用している町家も見られるのですが、この場合、庇の2-39・左の丸印部分に**成**《せい》の高い**桁**を置くことで2階からの荷重を負担させ、その下の柱を省略しています。特に、丸印部分には製材していない**野物**を桁として用いている町家がありますが、これなどは当初からこの位置に建具を入れる気がなかった証拠といえるでしょう。このような建築当初から1階の壁を前に出す町家は、城下町彦根の町人居住地区や中山道の街道沿いで散見されます。このように、1階部分が半間ほど前面に出るように庇がついた町家による町なみ景観は、近江八幡市のような町なみに比べて町家による圧迫感は大きく、町なみ景観の印象が異なります。

なお、彦根の町家の例とは反対に、2階の壁が前面に出てくる例が長野県や岐阜県にある中山道の宿場町で見られます(2-39・右)。このような「はね出し2階」は、古くは室町時代末期の京都を描いた「洛中洛外図屏風」内の町家で見ることができますが、こちらも板葺屋根

成　梁や桁などの部材において、下端から上端までの距離。

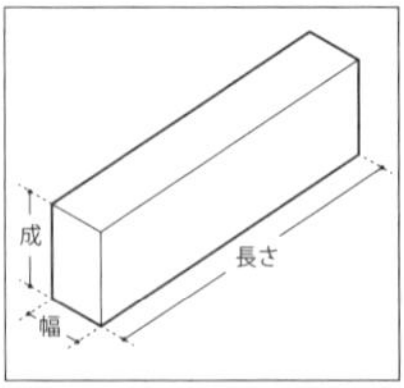

桁　柱の上で棟木と平行方向に渡し、垂木を受ける部材。一方、棟木と直行方向に渡す部材は、「梁」。

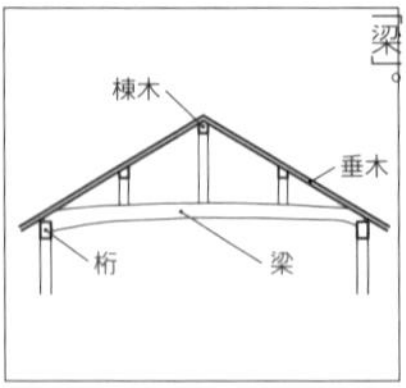

になっています。「はね出し2階」のある町家は庇が付かないものもありますが、はね出し部分が庇のような役割を果たしており、彦根の町家とはまた違った印象を与えていると思います。

このように、庇は小さな屋根ではありますが、その違いによって町なみ景観に地域性を出す重要な要素であることがわかります。

ここでは、「屋根」に着目してみてきましたが、風雨から建物を守るといった機能的な面だけではなく、その地域の伝統的な景観を強く印象づけ、地域文化の象徴としての面もあわせ持つのが「屋根」であると思われます。今後も、都市部にしろ、農村部にしろ、近江らしい伝統的な屋根による風景を大切にしていく必要があるかもしれません。

野物　かんななどで仕上げられていない部材。

コラム

里坊の町なみ（大津市坂本地区）

平成9年（1997）に国の重要伝統的建造物群保存地区に選定された大津市坂本地区（以下、坂本地区とする）ですが、そもそも、坂本という地名は、比叡山延暦寺へ至る登り口に位置していたのに由来します。かつては、京都側の西麓を西坂本といったのに対し、当地は東坂本と呼んでいたそうです。そのような坂本のまちは、古くから比叡山延暦寺や日吉大社への物資調達の場として門前の町なみを形成していたようです。そして、江戸時代になると、老僧が山上からふもとの坂本の地に移り住むようになり、里坊を形成していきました。坂本地区は、現在でもかつての里坊の景観を良くとどめていることで高い評価を受けています。

ところで、里坊の町なみの特徴といえば、道路に面して石垣、その上に土塀か生垣があり、その奥に庭の木が見え、その奥に里坊の屋根が浮かん

2-41　坂本地区の里坊

2-42　里坊の庭園

だように見えるところ、といえるでしょう（2-41）。このような奥行きが感じられる景観において、建物に関しては屋根の印象がひときわ際立っているといえます。なお、江戸時代初期のものと思われる「日吉山王祭礼図屏風」を見ると、里坊の屋根は、おおむね入母屋造であり、瓦葺、柿葺、板葺、とさまざまであることがわかります。また、里坊の庭園群も、町なみ景観に対して重要な役割を担っており、全国的にも有数のものです（2-42）。通りの景観もさることながら、敷地内に入らないと全貌が見えない庭園の景色も坂本地区の魅力の一つといえるのではないでしょうか。

第三章

建物

洗い場

近江は水の豊かなところとしてよく知られていますが、その代表といえば、やはり中央に位置する琵琶湖といえるでしょう。琵琶湖は滋賀県域の約6分の1を占める面積を持つ日本最大の湖ですが、その水は滋賀県のみならず、京都府や大阪府といった川下の地域にも広く届けられています。

また、かつては琵琶湖周辺に「内湖《ないこ》」と呼ばれる小湖沼が多く点在していました。内湖は、魚を獲る食糧確保の場所であり、さらに川上から流れてきた汚水を浄化させる自然の浄化水槽のような役割も果たしていたため、日常生活において、湖岸沿いに住む人々にとって重要な「自然」の中の水辺だったのです。しかし、明治時代後期に大小合わせて103ほどあった内湖は、主に昭和18年（1943）から昭和46年（1971）に行われた干拓事業により、現在は23に減少しています。

　一方、日常生活に欠かせない「人工」的な水辺空間としては、「洗い場」を挙げることができます。特に、湖・川・湧水等を上手に利用している洗い場は、近江の風景を豊かなものにしています。

　そこで、ここでは、かつて日常生活において水との関わりが深い空間であった「洗い場」についてみていきたいと思います。

近江の「洗い場」空間

「洗い場」といって真っ先に思い浮かぶのは、台所の「流し」ではないでしょうか。しかし、現在のように、床上の空間に流しを設置して立った状態で利用するようになったのは、それほど古いことではありません。大河直躬著『住まいの人類学』（平凡社、1986年）によれば、当初、屋外にあった流しの空間が屋内に移り、箱型の流しが登場します。ここでは、しゃがんだ姿勢により洗い物をしていましたが、のちに立った姿勢で洗い物ができる立ち流しが出てきます。京都では、この立ち流し（3–1）が17世紀後半の文献などで見られるようになります

3-1　立ち流し

3-2　地蔵川と洗い場

が、江戸などでは普及が遅く、明治以降のところもあります。このように、流しには西日本と東日本における地域差がみられるようです。

近江では、立ち流し以前の洗い場を今も見ることができますが、そのうちの三つをご紹介します。まず、中山道の宿場町であった米原市醒井《さめがい》では、湧水によってできた地蔵川沿いに洗い場（3-2）が点在しています。この洗い場は、2～3段の石段を降りて地蔵川の流れを利用しています。ただし、かつての地蔵川は、「洗い場」としてだけではなく、「飲み水にする」、「ものを冷やす」、「雪を流す」というように、多面的に利用されていたようです。

次に、中世から湖上交通の要として知られていた高島市マキノ町海津地区ですが、ここの東側では湧水による共同洗い場がいくつかあり、地元では、これを「イケ」と呼んでいます（3-3）。規模の大きなイケになると約7m×8mほどの広さになりますが、大きくは飲料用に使用されている井戸部分と洗い場のある湧水の貯水部分によって構成されています。共同で管理・利用しているため、かつてはコミュニティーの中心的な存在であったといえます。このような醒井や海津の洗い場は、どちらも集落内の公共空間に立地しています。

一方、近江商人の故郷としても有名な東近江市五個荘金堂町では、水路の水を屋敷内に引き込んで洗い場とする「カワト（川戸）」（3-4）があります。この名称は滋賀県湖東地域でよく聞きますが、洗い場部分に屋根をかけて付属屋に取り込んだものもあれば、屋根がかかっていないものもあります。

この他にも、近江にはさまざまな洗い場が存在し、その立地状況によって洗い場の形態が異なります。そのため、地域の風景を特徴づける役割を担っており、近江の豊かな水文化の象徴といえるでしょう。そこで、その一事例として高島市新旭町針江地区（以下、針江地区）を紹介し、滋賀県湖西地域にある「カバタ（川端）」と呼ばれる洗い場の実態について詳しくみていきたいと思います。

3-3　イケ

3-4　カワト

カバタ

滋賀県湖西地域でみられるカバタは、カワトと同様に水路の水を屋敷内に引き込んではいますが、生活水として使っているのは、主に湧水です。そのため、カバタは水路に隣接していなくても設けることができます。針江地区では、このカバタが現在も現役で利用されており、まちのシンボルになっています。なお、現在の針江地区の東側の水田地帯には、弥生時代から平安時代にかけての四つの遺跡が発見されており、この地域に古くから人が居住していたことがうかがえます。また、地名として針江が登場するのは、応永年間(1394～1428)前期に作成されたと考えられる文書になりますが、そもそも、「針江」の「針」は「墾《はり》」で、湖沼地を開いた墾田の意味だと考えられています。

この針江地区は、滋賀県湖西地域最大の河川である安曇川《あどがわ》下流域の左岸地域に位置しますが、このあたりは、安曇川の伏流水がいたるところで湧き、水の豊かな地域として知られています。そのためか、針江地区を含むこの地域に上水道施設による給水が開始されるのは比較的遅く、昭和57年（1982）となっていますが、現在でも上水道と湧水を併用している家庭は多く、湧水が生活の一部となっています。なお、針江地区の人々は、この湧水を「生水《しょうず》」と呼んで大切に利用しています。

さて、一般的にカバタでは、湧水が「モトイケ（元池）」→「ツボイケ（壺池）」→「ハタイケ（端池）」と呼ばれる3つの槽を順に流れていき、最終的に水路へと流れ出す仕組みとなっています（3-5）。各槽はそれぞれに役割が異なっており、モトイケは飲料用、ツボイケは野菜や茶碗などの洗いもの用として使用され、ハタイケではコイやマスといった魚が洗いものなどで出てきた残飯を食べて水を浄化してくれます（複数の槽が一緒になっているカバタもあり）。また、カバタはその形態から、「内カバタ」、「外カバタ」、「ロテン（露天）」の三つに大きく分類することができます。

内カバタ（3-6、3-7）は、主屋内に取り込まれているカバタですが、そのために台所付近にあることが多いです。針江地区では、集落内に30カ所の内カバタが確認されています（3-8）。なお、このうち

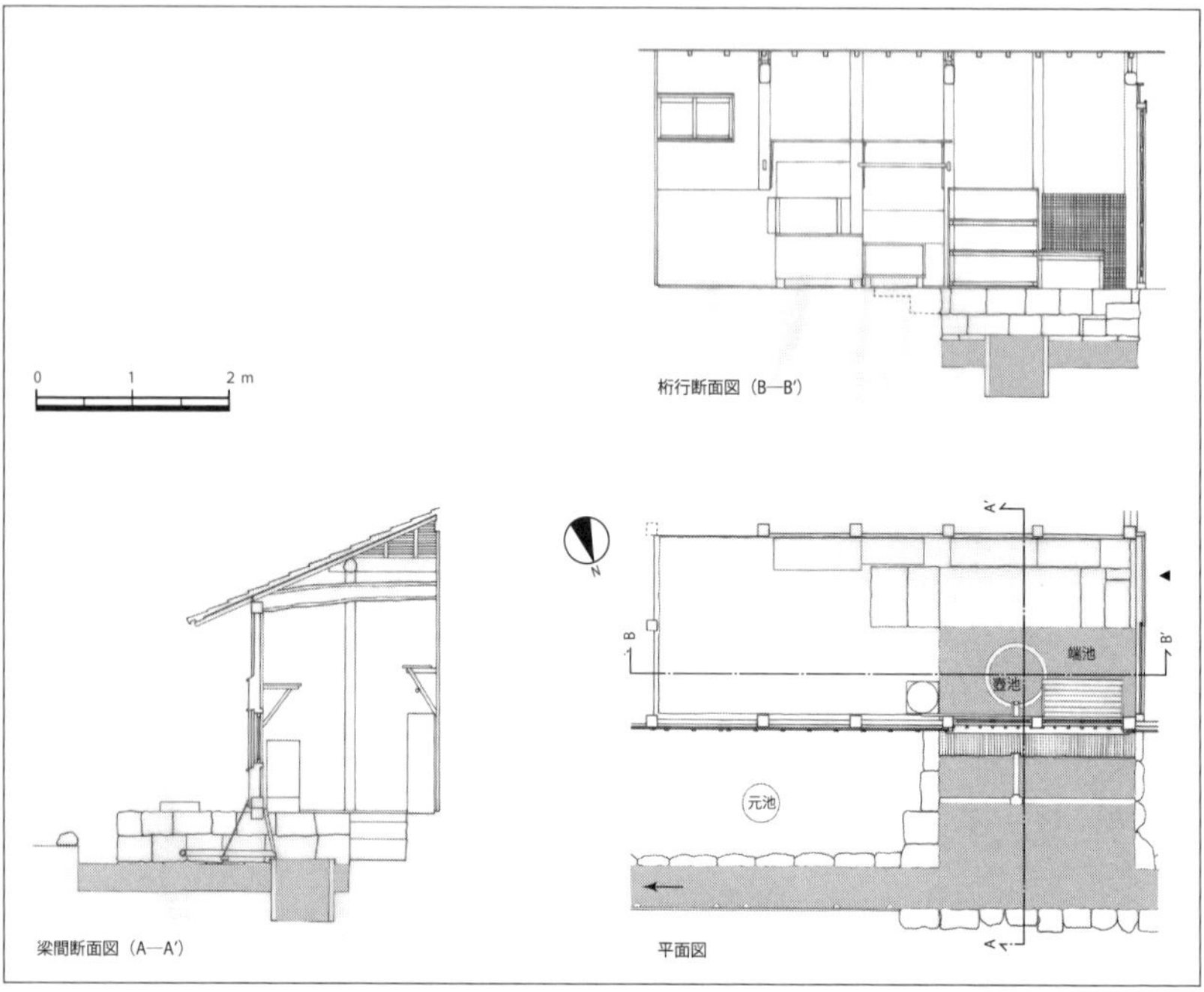

3-5　内カバタ

3-6　内カバタ・外部

の2カ所は以前、外カバタであったものが、主屋の建て替え時などにより内カバタになったものであることがわかっています。
　さて、ここで実測調査を行った内カバタをご紹介しますが、この内カバタは主屋・下屋部分の台所に隣接するところにあります。主屋が建てられて100年以上になるそうですが、その時からあったということなので、針江地区においては古くからある内カバタの一つと考えられてい

3-7　内カバタ・内部

ます。この内カバタは石段を3段下りたところにありますが、その奥（東側）は、漬物や鮒寿司を熟成させるための空間として利用されています（3－5、3－7）。また、この内カバタのモトイケは、内カバタから少し離れた屋外にあり、管を地中に通して主屋のなかにあるツボイケまで水を引きこんでいます（3－5）。ツボイケ（3－9）は、現在、コンクリート製の円形ですが、聞き取り調査から、もとは4斗樽の底を抜いて使っていたそう

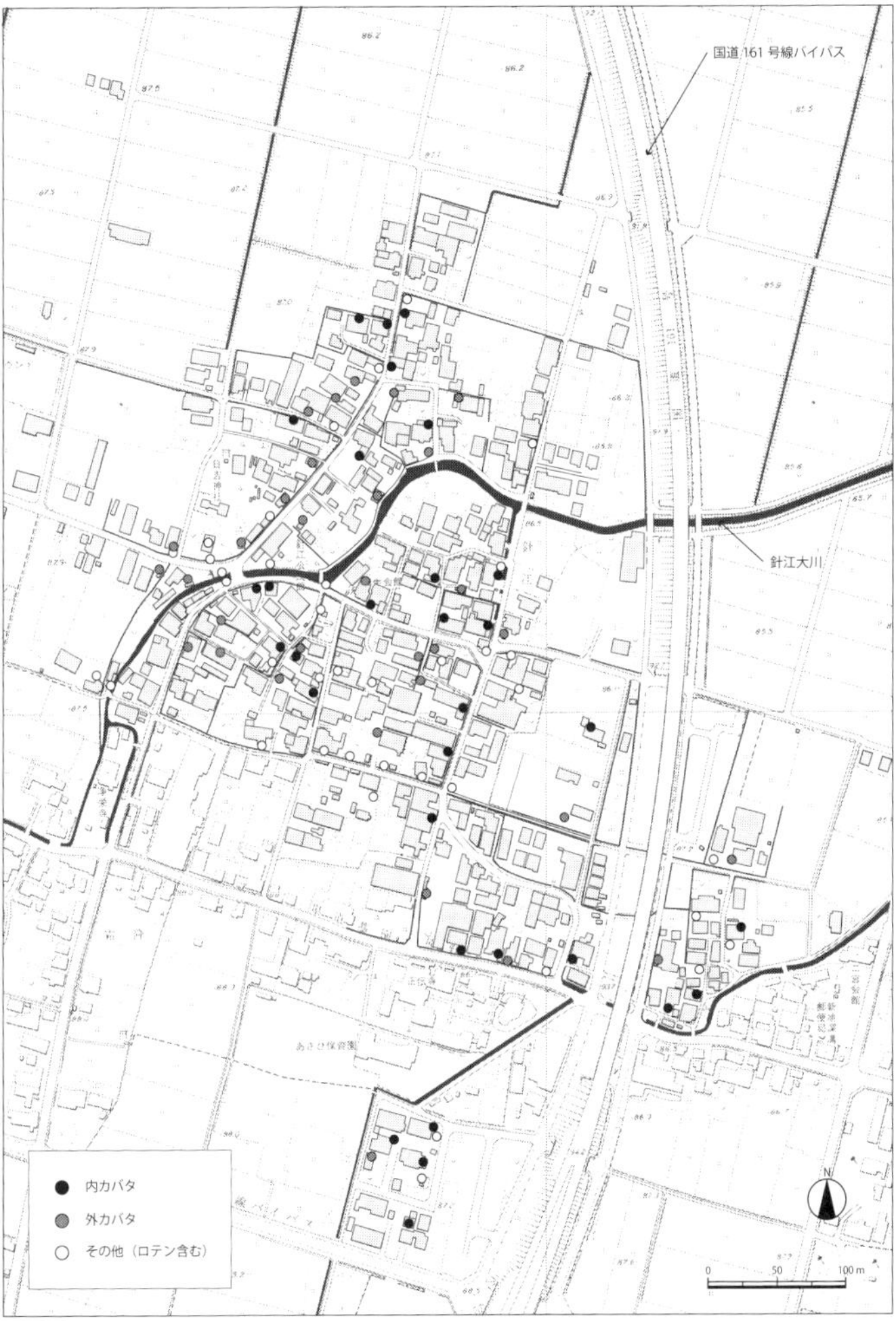

3-8　カバタ分布図(2007年調査当時)

です。針江地区内に円形のコンクリート製のイケが多いのは樽を用いていた時の名残かもしれません。ハタイケは、石積みで囲まれたしっかりとしたものですが、針江地区内の他の内カバタに比べて規模が大きいため、半分が屋内、半分が屋外となっており、そのまま水路に繋がっています（3－6）。

一方、外カバタ（3－10）は、主屋の外にあるカバタです。なお、一般的に、外カバタは主屋と独立した付属屋タイプのことを指しますが、ここでは倉庫といった他の付属屋と併用されているタイプや主屋などの庇の下に設けられたタイプも外カバタに含めることとします。針江地区では32カ所の外カバタが確認されています（3－8）が、このうちの4カ所は以前、内カバタであったものが主屋の建て替えなどにより外カバタになったものです。3－10のように、水路側に壁を斜めに張り出して水路の水を利用する工夫のみられる外カバタもあります。

また、内カバタ、外カバタに該当しない洗い場をその他として分類しました（3－8）が、この中には屋根をかけず、吹きさらしとなって

3-9　ツボイケ

3-10　外カバタ

いるものもあります。地区内ではこのような洗い場を、ロテン（3-11）と呼ぶ人もいました。針江地区内でその他に分類された洗い場は25カ所ありましたが、このうち、以前は内カバタであったと判明しているものが1カ所、外カバタであったと判明しているものが5カ所となっています。これらも、主屋の建て替えや解体、あるいはカバタの利用の変化によって変化したと考えられます。なお、針江地区内にも共同の洗い場はありましたが、例えば、地区中央部を流れる針江大川では、かつて「おしめ」などを洗う

3-11　ロテン

場所が決められていました。

このように、針江地区では、主屋の建て替えなどでカバタの形式が変化している事例があります。同じ敷地の中でも湧水の量や水質が異なるため、カバタの位置を変えるわけにはいかなかったようです。いずれにしても、湧水が屋敷における主屋の位置や屋敷全体の空間構成を決定していることが推測されます。また、針江地区におけるカバタの分布（3-8）をみると、地区中心を流れる針江大川の左岸では外カバタの割合が大きいのに対し、右岸では内カバタ・外カバタの割合はほぼ同じという傾向がみられますが、集落形成と何らかの関係があると思われます。なお、30年ほど前に国道161号線バイパス建設のために移住した人たちの住宅（3-8・下）には内カバタが多く設けられていますが、針江地区のものとは形態が異なります（3-12）。この内カバタでは、四角形のイケ（槽）が並列になっており、岐阜県郡上市の郡上八幡などでみられる「ミズブネ（水舟）」の構造によく似ています。日常生活の中で、カバタが形態を変えながらも残っている例といえます。

3-12　新しいカバタ

最後に、内カバタと外カバタについて、どちらが形式として古いのかということがありますが、実際のところ、よくわかっていません。内カバタは主屋内にありますが、主屋の建築年代と同じとは一概には言い切れませんし、付属屋である外カバタは主屋と異なり、建築年代が記された古文書や棟札などはほとんど存在しません。そのため、カバタの建築年代がはっきりせず、形式の変化を推測する手がかりが非常に少ないといえます。しかし、①前述の「流し」の発展過程（屋外→屋内）、②針江地区の地元の人のお話、③国道161号線バイパス建設により移住した人たちの住宅では内カバタが多い、ということから、個人的には外カバタから内カバタへ形式が移行してきたと推測しています。

現在、海外も含めて全国から多くの人たちが針江地区を訪れていますが、それはカバタだけではなく、カバタを通してみえてくる「豊かな水の文化」に触れてみたいということなのかもしれません。

このように、ここで取り上げた洗い場は、普段の生活の中では決して目立つ存在ではありませんでしたが、地域ごとにその特徴がよくあらわれているといえます。また、近年では、このような洗い場は大規模災害時にインフラが被害を受けた時の備えとしての役割も期待されるようになってきました。伝統的な暮らしにおける知恵の結晶ともいうべき洗い場空間の良さが、形を変えながらでも後世に伝われればと思います。

コラム

洗い場としての琵琶湖（高島市海津地区）

国の重要文化的景観に選定された高島市マキノ町海津地区（以下、海津地区とする）は、琵琶湖の西側を南北に走る街道・西近江路の宿場であり、江戸時代初期には幕府直轄領、のちに加賀藩・郡山藩の所領となったところです。また、西廻り航路が整備されるまでは、敦賀で陸揚げされた藩米が七里半越を通り、海津を経由して大津へ運ばれたため、港町としても大いに繁栄しました。

この海津地区を描いたもっとも古い絵図としては延宝5年（1677）の「海津三町絵図」があげられますが、これをみると、湖岸に平行した形で東西に長い集落であることがわかります。実は、海津地区内では二つの異なる水利用形態が存在していたことがわかっています。前述しましたが、一つは地区東側の山ぎわあたりにおける「イケ」（3-3）、つまり、湧水による共同利用でした。そして、もう一つは湖岸沿いにおける湖水・井戸の共用なのですが、湖水の場合は、地区の浜側（琵琶湖側）に数多くあった「ハシイタ（橋板）」（3-13）を利用していました。これは、松の1枚板を用い、琵琶湖に突き出した板の先に足をつけ、その反対側（浜側）はロープなどで石や木につながれていたようですが、これにより、湖水を汲み、洗い物をするために使用していました。

近年は上水道の普及などによりハシイタは急激に姿を消していましたが、平成20年（2008）の重要文化的景観選定前後から再び脚光を浴びるようになり、現在では、海津地区の浜側における重要な景観資源となっています（3-14）。

3-13　かつてのハシイタ（撮影者：石井田勘二、写真提供：高島市教育委員会）

3-14　現在のハシイタ

灰小屋

一般的に、伝統的な風景を構成する建物といえば、町家や農家住宅、武家住宅といった「主屋」に目がいくでしょう。そのような主屋は、日常生活の中心的な場所であったため、その土地の生活文化を後世に伝えるものとして文化財指定を受けているものもあります。

一方、「小屋」などは構造が簡素なものが多く、主屋に比べれば、文化財指定を受けているものは格段に少ないのが現実であります。また、小屋は生業にかかわるものが多いため、生活様式の変化とともに大きく様変わりし、あるいは、廃れて消滅していくものでもあります。しかし、主屋と同じように、伝統的な風景を構成する役割を果たすものが多いようにも思われますし、その地域が歩んできた暮らしの歴史を語りかけてくるものもあります。どことなくかわいらしい姿をしているたばこ乾燥小屋（3-15）などは、その一例といえます。一方、「灰

3-15　たばこ乾燥小屋

小屋」(3-16)は、規模も小さく、実際に使ったことがある人も今はそう多くないため、あまり目立った存在とはいえません。しかし、かつての近江の暮らしの実態を伝える貴重な存在であり、湖東平野の農村集落などでは、現在も見かけることができます。

このように、ここでは、すでに使われなくなったものの、現在も近江の伝統的な風景の中に点在する「灰小屋」について見ていきたいと思います。

灰小屋とは

かつては、日常生活の中で出てきた灰を貯蔵する付属屋を各地で見ることができました。滋賀県では、このような付属屋を、「灰小屋」、「灰部屋」、「灰入れ」などと呼んでいたようです。なお、正徳2年（1712）に成立した図入り百科事典である『**和漢三才図会**』では、「はいべや（漢字は、广に卆）」として、挿絵とともに紹介されています。これを見ると、「はいべや」は、燃料である稲藁や麦藁を燃やした後の灰を貯えていた小屋であり、この灰を田の肥料として使用していた、と書かれています。その挿絵では、小屋の中に俵が入っているのを見る

3-16　灰小屋

3-17　灰納屋

ことができますが、実はこの俵の中に灰を入れて保管していたようです。それでは、以下、日本各地にあった「灰を保管する小屋」について、三例ほど紹介します。

まず、**散居村**で有名な富山県砺波《となみ》市の灰小屋ですが、ここでは「灰納屋《はいなや》」（3-17）と呼んでおり、集められた灰は消雪と肥料に使用されていました。灰納屋の外観は、切妻造・桟瓦葺の屋根を持ち、外壁は腰部分を板

『和漢三才図会』のはいべや（国立国会図書館蔵）

散居村　散らばって居住している村落のこと。それとは異なり、家屋が1カ所に集まっている村落を「集村」というが、湖東平野の農村は集村が多い。

3-18　アズマダチ

張りとした漆喰仕上げとしたものが一般的です。かつて、砺波平野の農家は、日々の生活で使う燃料に稲藁や屋敷林の杉葉を多く使用していたのですが、これらは薪に比べて燃やした時に出る灰の量が多くなります。そのため、大量に出る灰を収納する灰納屋が必要になったと考えられています。また、灰納屋の外観意匠は、当地方の代表的な民家形式「アズマダチ」（3-18）に大きく影響を受けたものが多いと推測されています。いずれにしても、灰納屋は、「カイニョ」と呼ばれる屋敷林で構成される散居村の風景と密接にかかわってきたことが分かります。

次に、栃木県大田原市では、囲炉裏・竈などで出た灰を収納する灰小屋を「アク小屋」と呼んでいるそうです。アク小屋に集められた灰は、タバコの肥料として利用されたそうですが、その外観は当地方で見られる切妻屋根の石蔵を想わせるものとなっています。

最後は、広島県でみられた灰小屋ですが、『日本民俗学大系（覆刻版）第六巻　生活と民俗（二）』（平凡社、1976年）では、「灰小屋というのが中国地方の山間部で見られるが、石をつんで腰壁とし、これに芝土などの屋根をかけた簡単な小屋で、ここで柴をもやして灰を作り、これを肥料として使うのである」と記述されています。これらは「ハンゴヤ（灰小屋）」「ハンヤ（灰屋）」などと呼ばれていたようです。

このように、灰小屋は、その外観や構造、呼び名、灰となる材料や、灰の用途などが、それぞれの地域の特色となって表れているのが分かります。

近江の灰小屋

これまで、滋賀県内の灰小屋を悉皆的に調査したものはありませんが、滋賀県立琵琶湖博物館のホームページ内にある「水環境カルテ」を利用すると、県内の灰小屋80棟の画像を見ることができます。また、湖東地域の灰小屋に関する研究については、奥沙織著『滋賀県湖東地域における灰小屋に関する一考察』や大野沙織著『滋賀県における灰小屋に関する研究—愛知川右岸の農村集落を事例として—』などがあります。ここでは、これらを参考にして滋賀県内の灰小屋について紹介していきたいと思います。なお、上述の成果をもとに、灰小屋単体で建てられたものを「独立型」、灰小屋が外便所などと一体となって建てられたものを「併設型」と呼ぶことにします。

まず、「独立型」ですが、中山道沿いの集落内にある灰小屋を紹介します。この灰小屋は木造でありますが、建てられた時期については

3-19 「独立型」灰小屋・正面

よく分かっておりません。屋根は桟瓦葺であり、**片流れ**屋根の上部を折り曲げて反対の方向へ流した**招き**屋根の形式となります（3―19、3―20、3―21）。灰小屋の規模は半間×半間、小屋平《ひら》側《がわ》が正面となり、その上部に灰入れ口、下部に取り出し口が設けられています。灰入れ口には戸などはなく、開放したままですが、取り出し口は戸を上げ下げする形式になっています。このように、湖東平野にある木

片流れ・招き　0―2を参照。

3-20 「独立型」灰小屋・側面

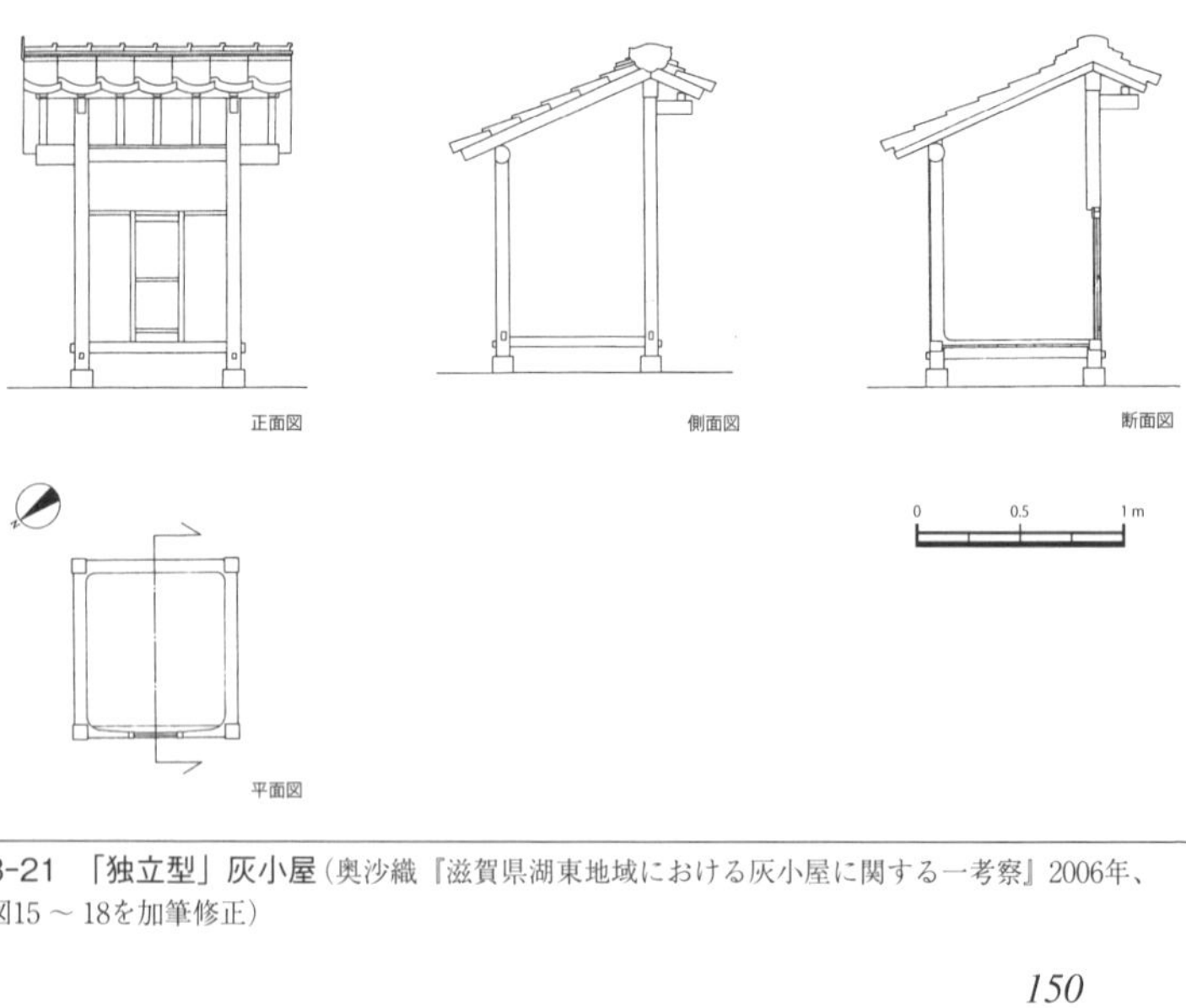

3-21 「独立型」灰小屋（奥沙織『滋賀県湖東地域における灰小屋に関する一考察』2006年、図15 ～ 18を加筆修正）

造の「独立型」灰小屋に関しては、前述の富山県砺波市のような切妻屋根形式のものはあまり見られず、招き屋根の形式が一般的といえます。なお、聞き取りにより、ここで紹介した灰小屋の所有者は、灰小屋を「ハイベヤ（灰部屋）」と呼んでいたそうですが、湖東平野では、「ハイベヤ」「ハイビヤ」と呼んでいるところが多く確認されています。「ヘヤ」はもともと「屋外の小さな建物」を指す言葉であったものが、その後、建物と同じ役目を屋内の一室に果たさせるようになったため、現在のように、「屋内の一室」を意味するようになったのではと推測されています。

　次に、「併設型」ですが、湖東平野の中央部、現在の愛荘町にある灰小屋を紹介します。この灰小屋も木造で、およそ１００年前に茅葺の主屋とともに建てられたと伝えられています（3-22）。切妻屋根・桟瓦葺の屋根を持ち、規模は1間半×半間ですが、前述の「独立型」灰小屋とは異なり、外便所とともに一つの小屋を形成しています。（3-23）。そのため、灰小屋自体は、「独立型」と同じく半間×半間ほ

3-22 「併設型」灰小屋・正面

どの規模になります。灰入れ口・取り出し口の位置や形式なども「独立型」と同じですが、痕跡から、当初、灰入れ口には開き戸がついていたようです。灰小屋内部の仕上げは、茶室の床《とこ》の間《ま》形式の一つである**室床**《むろどこ》のように、四隅の柱がすべて塗り込められています（3－23、3－24）が、天井を張って木部をすべて塗り回しているものもあります。これは灰が木部に

室床　床の間の一形式で、隅の柱が見えないように壁土で塗りまわした床のこと。

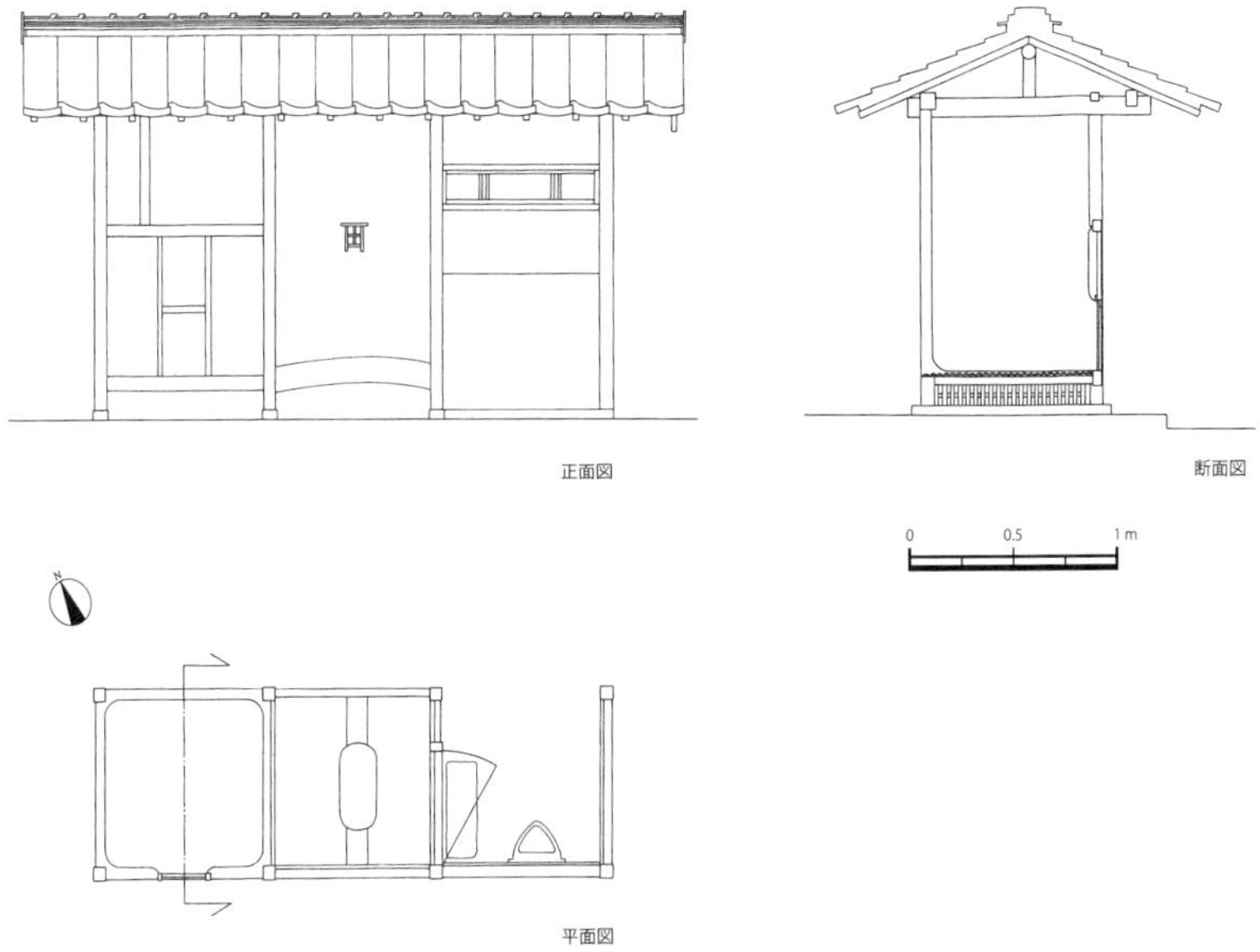

3-23　「併設型」灰小屋（奥沙織『滋賀県湖東地域における灰小屋に関する一考察』2006年、図21 ～ 23を加筆修正）

3-24 「併設型」灰小屋・内部

直接触れないようにし、灰から再度出火しても小屋自体が燃えないようにとの工夫であります。一方、この灰小屋・正面は外便所の反対側を向いていますが（3－23）、「併設型」の他の事例では、外便所と同じ側、あるいは小屋の妻側に灰小屋の正面が向いているものも見受けられ、一定していません。一般的に、風上側に灰小屋の灰入れ口・取り出し口があると、再び出火し、小屋自体、あるいは付近にある建物までの燃やしてしまう危険性があります。つまり、灰小屋が立地する場所での風向きによって灰小屋・正面の向きが決まってくると推測されます。また、灰小屋を主屋から離して建てているのも出火によって主屋に被害が出ないようにとの配慮です。

このように、特に湖東平野にある灰小屋について、「独立型」、「併設型」の2タイプの存在とそれぞれの特徴をご紹介しました。なお、共通する点としては、どちらの灰小屋も、保管される灰を湿気から守るために高床としています。これは、灰は水にぬれるとカリウム分が水に溶けだしてしまい、肥料として使えなくなってしまうからだといわれています。一方、灰小屋に保管する灰の原料ですが、同じ湖東平野でも山が近くにあれば柴、集落周辺に山がなく水田が広がるところであれば稲藁、というように、燃料の入手のしやすさが影響していま す。柴と稲藁では燃やしてできる灰の量に差がありますので、もしかしたら、地域ごとに灰小屋の規模に違いがあるかもしれません。

ここでは、伝統的な風景の中でも目立たない存在である「灰小屋」についてみてきました。第二次世界大戦後、これまでの調理用熱源であった竈・囲炉裏からガスコンロへの移行、あるいは化学肥料の普及、といった変化により、灰小屋は使われなくなりました。しかし、「煮炊きで燃やした稲藁などの灰を灰小屋に貯め、その灰を田畑の肥料として用いる」、という循環がみられた灰小屋は、エコロジーな生活を考えでいく上では貴重な存在といえます。また、農村部では灰小屋を所有することが富の象徴であったというお話を耳にすることがあり、集落内での社会的なシンボルであったともいえます。

このように文化的にも大きな意味をもつ灰小屋を、近江の伝統的な風景の中で探してみてはどうでしょうか。

コラム

近代的な灰小屋（近江八幡市・東近江市）

ここでは、木造以外の灰小屋を簡単にご紹介したいと思います。

灰小屋には耐火性が求められているということもあり、木造以外となると、コンクリート造やレンガ造の灰小屋があります。3-25のコンクリート造の灰小屋は、円筒型の井戸枠を積み上げたシンプルな形態です。また、同じコンクリート造でも3-26の灰小屋は、ヴォールト状の屋根を持ち、中央の取り出し口を挟んで、「火之用心」の文字が施されており、意匠にも工夫がみられます。一方、レンガ造の灰小屋

3-25　コンクリート造灰小屋

（3-27）ですが、レンガ自身が外壁の仕上げというわけではなく、もとは表面にモルタルを塗っていたようです。いずれも伝統的な木造のものに比べれば、意匠的に少し物足りなさがありますが、灰小屋の変化の歴史を見る上では貴重な存在といえます。

3-26　コンクリート造灰小屋

3-27　レンガ造灰小屋

移築建造物

現在、文化財の現場において、建造物保存のために解体して移築したり、解体せずに曳家《ひきや》をして建造物を移動させたりすることはありますが、日常生活の中で「別の場所から建物を持ってきて建てる＝移築」ということは、あまり一般的ではありません。建物が必要となれば、当然、「新築」するものだと思ってしまいます。それが、重要なもの、大きいものであればなおさらですが、かつてはそうではなかったようです。そのように移築された建造物の中には、時間の経過とともに風景の中に入りこみ、その場所に当初からあったような存在感を示すものもあります。

そこで、ここでは、「移築された建造物（移築建造物）」に注目しながら、近江における伝統的な風景を見ていきたいと思います。

移築建造物と民家園

日本全国にある歴史的建造物（文化財を含む）の中には移築建造物が意外と存在しています。例えば、奈良時代、唐から来た鑑真が建立した唐招提寺にある講堂は、平城宮の改修に伴って、東朝集殿《ちょうしゅうでん》という建物を移築・改造したものとして知られています。この講堂は奈良時代宮廷建築の唯一の遺構として極めて貴重であるため、昭和27年（1952）に国宝に指定されていますが、当初の用途とは違う形で移築された建造物といえます。

一方、国宝に指定されている茶室・如庵《じょあん》（3−28）は、織田信長の実弟であり、茶人としても知られた織田有楽《うらく》が晩年に建仁寺塔頭《たっちゅう》正《しょう》伝院《でんいん》内に営んだ茶室であります。如庵は明治41

3-28　如庵

年（1908）に東京の三井家に引き取られ、次いで大磯（神奈川県）別邸に移築され、さらに昭和47年（1972）、犬山城下の有楽苑に移されて現在にいたるようです。こちらは茶室としての用途は変わらないものの、各地を転々とした移築建造物といえます。

ここで挙げた事例のほかにも、移築されたと伝わる歴史的建造物は多く存在するため、かつての日本で建造物を移築することは、現在に比べてより身近な出来事であったと考えられます。また、これは、日本建築の主流が木造であったことにも由来するかもしれません。西洋の石造建築と比較すれば、どちらが移築に向いているかは容易に想像できます。

ところで、現在、日本各地には、民家園と呼ばれる施設が数多く存在しています。これは、主として民家などの伝統的建築物や、生活用具類などを収集し、セットにして野外に移築・展示した施設のことを指します。日本では、戦後、近代化の名のもとに開発が進められ、文化財の減少を招き深刻な事態になったこともあり、1960～

１９８０年代にかけて民家園が急増したようです。

日本最初の本格的民家園としては、昭和35年（１９６０）に開館した日本民家集落博物館を挙げることができます。ここは、１８９１年に世界で最初に開館した民家園であるスカンセン（スウェーデン）を一つのモデルとして造られたため、特定地域ではなく、日本全土から民家を集めて移築展示した点に特色がみられます。具体的には、北は岩手県・南部の曲屋から、南は鹿児島県・奄美大島の高倉まで12棟の民家を集めて屋外展示しています。一方、日本における一般的な民家園は、日本民家集落博物館などとは違い、特定の地域の伝統的建築物に絞って移築し、屋外展示をする民家園が多いと思われます。例えば、昭和60年（１９８５）に開園した福井県の福井市おさごえ民家園では、福井県内各地域を代表する民家を対象として屋外展示しています。

このように、民家園は、特定の場所に集約されて移築されるため、私たちの日常生活とは少し距離があることは否めませんが、ある地域において、日常風景を構成していた建物がどのようなものだったかを後世に伝える大きな役目を担っているといえます。

近江における移築建造物

滋賀県にもさまざまな時代の移築建造物があることが知られています。櫻井敏雄著『浄土真宗寺院の建築史的研究』（法政大学出版局、1997年）によれば、近江の浄土真宗寺院において、新本堂を建立する場合、旧本堂を下位の寺院に譲渡する習慣があったようです。長浜市にある市指定文化財・常善寺本堂などは、近くにある五村別院で新たに本堂を建立するため、享保8年（1723）に五村別院の旧本堂を移築してきたものといわれています。滋賀県内には、この事例以外にも現存する移築本堂は少なくありません。

近代以降のものであれば、旧甲良東小学校本館（3−29）を挙げることができます。この建物は総檜造りの豪勢なものですが、住民自身が木材の運搬などに参加することで8年の歳月をかけて昭和8年（1933）に完成しました。その後、建設から半世紀を過ぎたころに

3-29　旧甲良東小学校本館

なると建て替えの話も出ましたが、住民の強い思いにより、この旧本館は公道を挟んで北側の敷地に曳家され、現在の校舎と向かい合う形で建つことになりました。現在、甲良町立図書館として使用されていますが、このようにしてまで旧本館を残したところから、いかに住民に愛されてきた建物であったことがうかがえます。

このように、移築建造

物にはさまざまな時代・用途の事例が存在しますが、ここからは、彦根を対象に、どのような移築建造物が城下町の風景の中にあるのかをご紹介していきたいと思います（3－30）。

まず、彦根のシンボルともいえる彦根城天守（3－31）ですが、昭和32年（1957）から35年にかけて行われた解体修理にともなう調査の結果、もとは**4重5階**の旧天守（3－32）を移築したものであることが判明しています。これは、井伊家の系譜を記した『井伊年譜』の中に出てくる「天守は京極家の大津城の殿守なり」という記述を裏付けるものであり、現時点では、彦根城天守が大津城天守を移築した可能性が高いと考えられています。

また、彦根城内には多くの櫓が設けられていましたが、現存する櫓のうち、天守近くの太鼓門櫓は彦根城以外のいずれかの城の城門を、天秤櫓も長浜城の大手門を移築してきたものと考えられています。これは、関ヶ原の戦いに徳川方が勝利したとはいえ、なお緊張状態が続いていた時期に「西国の押さえ」としての彦根城築城が急務であった

重と階　重は外見上の屋根の重なりの数。階は建物の階数。

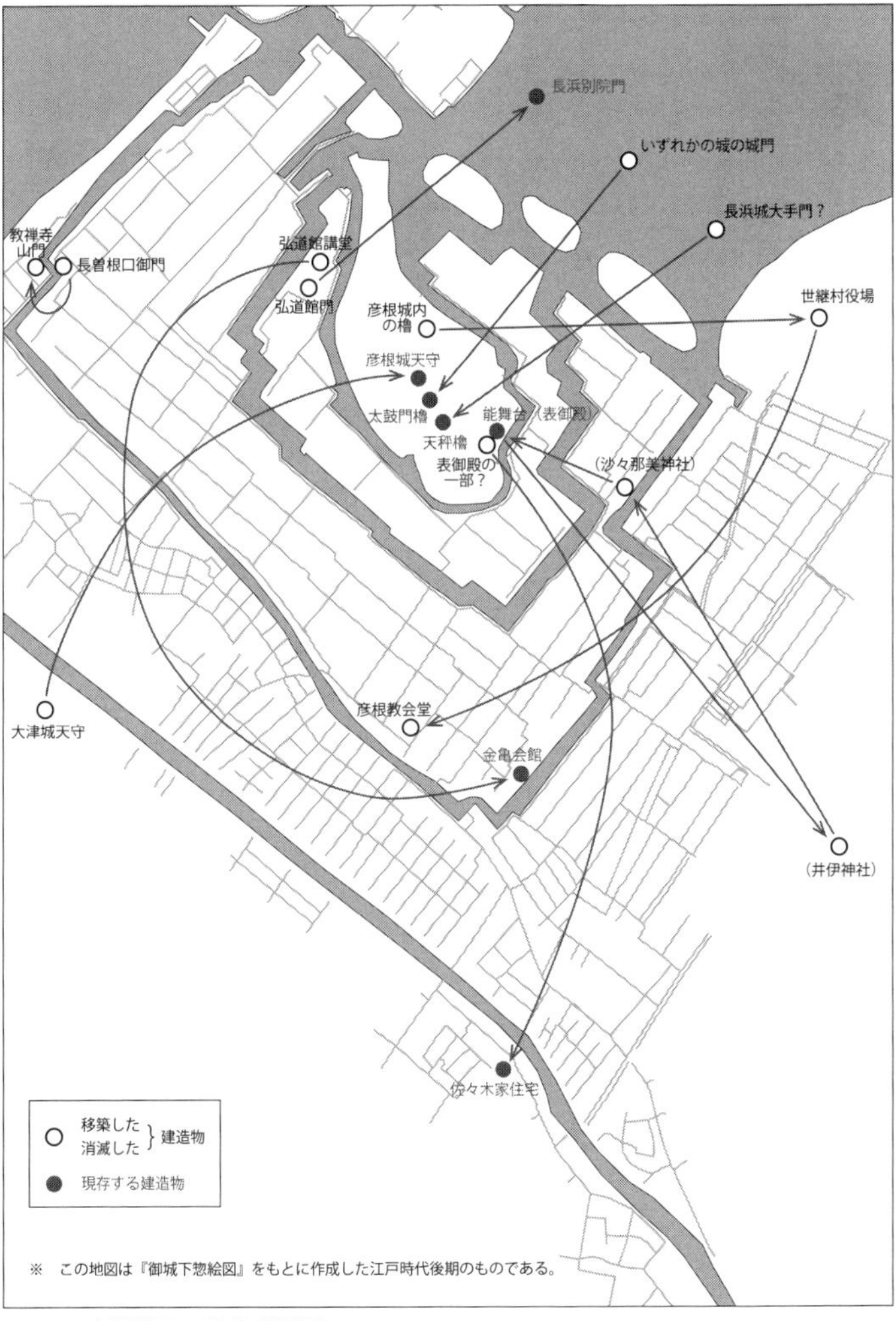

3-30　彦根城下の移築変遷図

3-31　彦根城天守

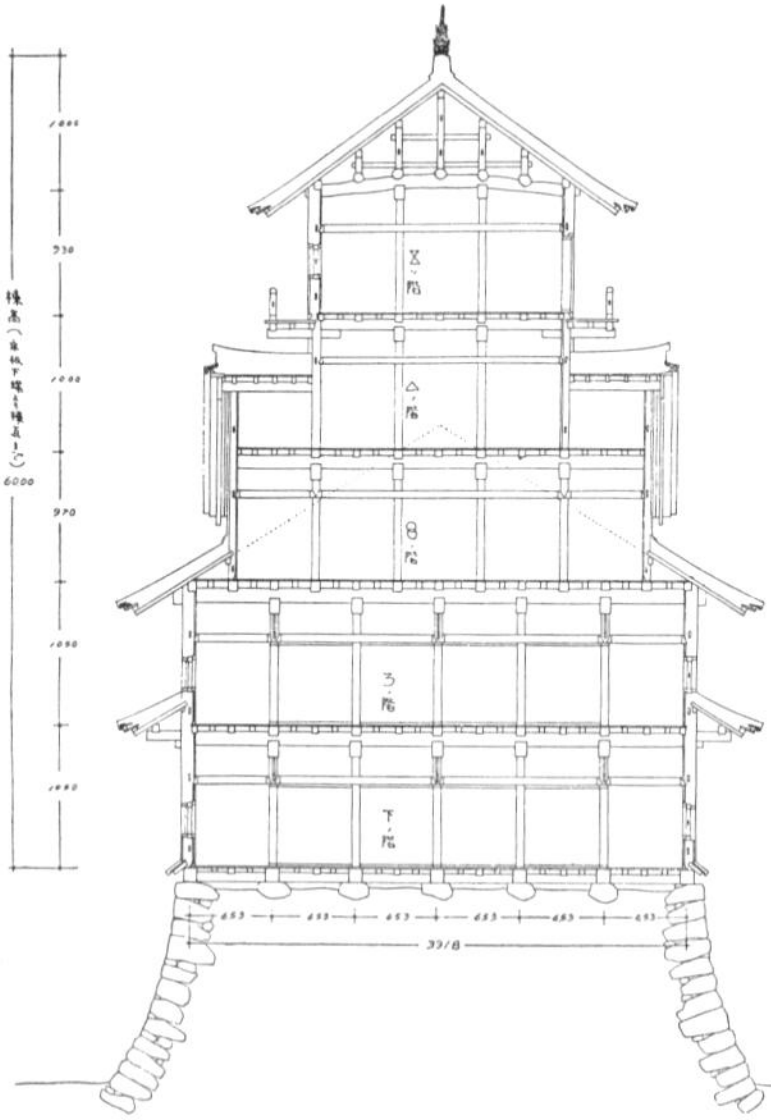

3-32　彦根城前身建物推定断面図
（滋賀県教育委員会編『国宝彦根城天守・附櫓及び多聞櫓修理工事報告書』1960年、P12）

ため、天守を含め、城内に移築建造物が多かったと考えられています。その後、明治維新により、彦根城内にあった多くの櫓は取り壊されてしまいました。しかし、かつての日本基督教団彦根教会の一部は、彦根城内にあった隅櫓が坂田郡世継村（当時）に移築されて使用していた建物を再度移築して増築したものといわれています（3－33、3－34）。残念ながら、この建物は現存していませんが、近代以降、藩政時代の城郭施設が城下の住民に引き継がれて彦根の町なみを構成していたことは興味深いといえます。

一方、天守や櫓などがある彦根山の山麓には彦根藩の藩庁であった表御殿がありましたが、明治11年（1878）に公売の対象となります。日本生命創設者の弘世助三郎がこのことを知り、表御殿の一部を購入して移築し、町家部分とあわせた建物が市指定文化財である佐々木家住宅になります。表御殿のどの部分を移築したかは明確になっていませんが、建築の様態などから、**奥向**《おくむき》の一部と推測されています。かつて表御殿が建っていた場所は、現在、彦根城博物館として復元されて

奥向　武家住宅において、日常生活や炊事などが行われる空間。一方、接客などに使われる儀礼的な空間のことを「表向《おもてむき》」という。

3-33　明治42年の彦根教会堂（彦根教会創立90周年記念事業委員会編『彦根教会九十年史』1969年）

3-34　昭和34年の彦根教会堂（彦根教会創立90周年記念事業委員会編『彦根教会九十年史』1969年）

3-35　**表御殿・能舞台**（彦根市教育委員会文化財課提供）

おりますが、佐々木家住宅は、かつての表御殿をしのぶことができる貴重な存在といえます。また、同じ表御殿内にあった能舞台は、表御殿の取り壊し後に井伊神社境内、さらに沙々那美《ささなみ》神社（滋賀県護国神社）境内へ移築され、各地を転々としますが、最終的に彦根城博物館建設時に元の場所に戻った珍しい事例といえます（3−35）。

このほか、移築建造物

の面白い事例として、長曽根口御門が挙げられます。かつて、彦根城下にあった堀にかけられた橋のたもとには、堅固な門が設けられていたことが知られています。なかでも、中堀・外堀沿いの11カ所に設けられていた門は「十一口御門」と呼ばれていました。このうち、彦根城下の南西の出入口であった長曽根口御門は、明治時代になり、近くにある教禅寺の山門として移築されたと伝えられています。その後、昭和9年（1934）に山門としての役割も終えて解体された後、一部の部材が本堂床下に永らく保管されていました。その後、平成18年（2006）から、この保管部材を調査する機会を得ましたが、調査の結果、本瓦葺・高麗門形式の重厚な門（3－36）に復元することができました。実は、

3-36　長曽根口御門・復元ＣＧ（丹波正博作成）

かつての膳所城においても、明治維新後に城内にあった門が移築されて現存しています。かつての膳所城北大手門であった篠津《しのづ》神社表門（国重要文化財、大津市）や膳所城南大手門であった鞭崎《むちさき》神社表門（国重要文化財、草津市）などがその一例ですが、もしかしたら、彦根でも長曽根口御門のような事例はもっとあるのかもしれません。

彦根藩の藩校に由来する建造物も移築されたことで現存しています。彦根藩の藩校は、寛政11年（1799）の稽古館がその始まりであり、その後、天保元年（1830）に藩主・井伊直亮《なおあき》によって弘道館と改称されます。この弘道館は内曲輪の西側、現在の彦根市立西中学校の運動場あたりに立地していたことがわかっています。その後、明治9年（1876）から金亀教校（金亀・第三仏教中学）として使われ、明治42年（1909）にこの学校が京都に移転してからしばらくして、大正12年（1923）に旧弘道館の講堂であった建物が浄土真宗本願寺派の宗教施設・金亀会館（3-37）として現在の中央町に移築されています。また、同じく弘道館内の門が長浜別院に移築されたと伝えられています。

3-37　金亀会館

なお、現在、金亀会館(旧弘道館・講堂)は当初の場所に移築が予定されており、前述の表御殿の能舞台同様、長い時を経て元の地に戻ることになりそうです。

このように、城下町彦根を例にとっても、ここでご紹介できなかったものも含め、さまざまな移築建造物が日常風景の中に溶け込んでいることがわかります。

ここでは日常風景の中にたたずむ「移築建造物」について取り上げてみました。移築先の条件や用途に合うように手が加えられている場合が多いため、移築建造物は移築前と完全に同じ、ということはありません。そのようなこともあって、かつての移築建造物は、私たちの日常風景の中に違和感なく溶け込んでいる事例が多いと思われます。むしろ、そのような工夫により、私たちの日常生活に溶け込んだことで地域の人々に愛されてきたことが今日まで生き延びてきた理由なのかもしれません。

コラム

近江風土記の丘（近江八幡市）

滋賀県内で移築建造物が集まって屋外展示されているところといえば、近江風土記の丘があります。「風土記の丘」とは、昭和41年（1966）から文化庁が中心となって始まったものですが、古墳群などを含む史跡と自然環境をセットにし、そこへ古民家を移築したもの、つまり一種の歴史公園といってもよいものです。

滋賀県内にも昭和45年（1970）にオープンした近江風土記の丘（3-38）があり、敷地内には滋賀県立安土城考古博物館など

3-38　近江風土記の丘

3-39　旧柳原学校校舎

のほか、湖北地方の代表的な民家形式・余呉型の代表例である旧宮地家住宅（国重要文化財、長浜市から移築、1-6）、現存する県下の学校建築としては最も古い旧柳原学校校舎（県指定有形文化財、高島市から移築、3-39）、初期の警察建築の珍しい例である旧安土巡査駐在所（県指定有形文化財、近江八幡市安土町から移築）、といった3棟の移築建造物が屋外展示されています。県外の民家園に比べれば移築棟数も少なく寂しいような気もしますが、どれも貴重な移築建造物ではありますので、一度ご覧になってみてはいかがでしょうか。

さいごに

本書のもとになったのは、一般社団法人滋賀県建築士事務所協会の機関誌『びわ湖』での連載「近江の風景を彩るモノたち」（77・78号、80〜86号　全9回）になります。当初、「連載のテーマはなんでもよい」といわれたような気がしますが、建築設計が専門の方々に、伝統的な風景を形成しているさまざまな構成要素（素材・意匠・建物）を紹介することで近江の魅力についてお伝えしたいと思い、連載を始めました。当初の目的を達成できたかはわかりませんが、私自身、楽しく執筆させていただきました。

一方、この連載を担当させていただいた時期に、私の出身地である島根県益田市において、史跡を学校教育に取り入れるためのワークショップに参加することになりました。この取り組みは子どもたちにもっと地元の歴史を知ってもらおうと企画されたものですが、ここで、文化財の保存・活用を進めていく上では、専門家だけではなく、一般の方々に広く理解してもらう必要があると、一層思うようになりました。

連載は平成27年(2015)10月に終わったものの、この内容をまとめなおすことができないかと思っていたところ、以前からいろいろとお世話になっていたサンライズ出版の岩根治美さんにご相談する中で、淡海文庫で本書を出版させていただけることになりました。「一般の方々にわかっていただけるような本がいいですよね」という岩根さんからのアドバイスと、前述の島根県益田市での活動で感じたこともあり、専門家向けであった内容を再構成し、できあがったのが本書です。

このような経緯でできあがった本書ですが、『びわ湖』での連載をもとにした出版を了承くださいました一般社団法人滋賀県建築士事務所協会様、そして、『びわ湖』連載の執筆者としてご推薦いただきました滋賀県立大学中井均教授には、深く感謝しております。また、本書で紹介されている内容の中には、滋賀県立大学人間文化学部地域文化学科・保存修景計画研究室での活動成果が多く含まれています。西川幸治元学長・濱崎一志教授をはじめ、研究室のみなさん、そして、研究室OB・OGのみなさまにもこの場を借りてお礼申し上げます。そのほか、本書で取り上げた歴史的建造物の所有者の方々や、伝統的な集落・町なみの調査活動で出会ったみなさまのご協力とご支援が本書の出版につながったと思っております。サンライズ出版・岩根治美さんには、いつも雑談の中から本書を形づくるうえでのヒントをいただき、大いに助けていただきましたが、原稿をながらくお待たせしました。深くお詫びするとともにお礼申し上げます。

最後に、折にふれ、日々の活動を応援し続けてくれた私の両親、妻とこどもたちに深く感謝します。

平成29年（2017）2月

石川　慎治

主な参考文献

稲垣栄三編『復元日本大観6　民家と町並み』世界文化社、1989年
上原真人『歴史発掘⑪　瓦を読む』講談社、1997年
大河直躬『住まいの人類学　日本庶民住居再考』平凡社、1986年
大場修『近世 近代 町家建築史論』中央公論美術出版、2004年
川島宙次『滅びゆく民家　—間取り・構造・内部』主婦と生活社、1973年
川島宙次『滅びゆく民家　—屋根・外観』主婦と生活社、1973年
今和次郎『日本の民家』岩波書店、1989年
杉本尚次『世界の野外博物館　環境との共生をめざして』学芸出版社、2000年
鈴木嘉吉編『日本の民家　第6巻　町家Ⅱ』学習研究社、1980年
竹中大工道具館編『葺く　—草と木でつくる屋根—』竹中大工道具館、2011年
鳥越皓之・嘉田由起子編『水と人の環境史　琵琶湖報告書〔増補版〕』御茶の水書房、1991年
中西徹『うだつ　—その発生と終焉—』二瓶社、1990年
奈良国立文化財研究所編『滋賀県の近世民家　—滋賀県近世民家調査報告書—』滋賀県教育委員会、1998年
日本民俗建築学会編『〈図説〉民俗建築大事典』柏書房、2001年

彦根市史編集委員会編『新修彦根市史 第10巻 景観編』彦根市、2011年
藤森照信『藤森照信、素材の旅』新建築社、2009年
藤原勉・渡辺宏『物語ものの建築史　和瓦のはなし』鹿島出版会、1990年
武者英二・吉田尚英編『屋根のデザイン百科　歴史・かたち・素材・構法・納まり・実例』彰国社、1999年
三浦正幸『神社の本殿　建築にみる神の空間』吉川弘文館、2013年
吉田靖編『日本の民家　第5巻　町家I』学習研究社、1980年
吉見静子『古民家は語る』新評論、2013年

そのほか、各種論文や文化財修理工事報告書といった多くの文献を参考にさせていただきました。

ご協力いただいた方々（敬称略）

滋賀県教育委員会、滋賀県建築士事務所協会、高島市教育委員会、日本基督教団彦根教会、日本民家集落博物館、彦根市教育委員会、岩根順子、岩根治美、大野沙織、奥沙織、菅原和之、丹波正博、濱崎一志、深谷覚、山本晃子

■著者略歴

石川慎治（いしかわ・しんじ）

1975年　島根県生まれ。
2004年　東北大学大学院博士後期課程修了、博士（工学）。
現在、滋賀県立大学人間文化学部地域文化学科准教授。専門は建築史・保存修景計画。主な著書は『新修彦根市史　第10巻　景観編』（分担執筆、彦根市、2011年）、『大学的滋賀ガイド　―こだわりの歩き方』（分担執筆、昭和堂、2011年）。

近江の古民家　―素材・意匠―　淡海《おうみ》文庫57

2017年４月10日　第１刷発行　N.D.C.291

著　者　石川　慎治

発行者　岩根　順子
発行所　サンライズ出版株式会社
〒522-0004 滋賀県彦根市鳥居本町655-1
電話 0749－22－0627
印刷・製本　シナノパブリッシングプレス

© Shinji Ishikawa 2017　無断複写・複製を禁じます。
ISBN978-4-88325-184-1　Printed in Japan　定価はカバーに表示しています
乱丁・落丁本はお取り替えいたします。

淡海文庫について

「近江」とは大和の都に近い大きな淡水の海という意味の「近（ちかつ）淡海」から転化したもので、その名称は「古事記」にみられます。今、私たちの住むこの土地の文化を語るとき、「近江」でなく、「淡海」の文化を考えようとする機運があります。

これは、まさに滋賀の熱きメッセージを自分の言葉で語りかけようとするものであると思います。

豊かな自然の中での生活、先人たちが築いてきた質の高い伝統や文化を、今の時代に生きるわたしたちの言葉で語り、新しい価値を生み出し、次の世代へ引き継いでいくことを目指し、感動を形に、そして、さらに新たな感動を創りだしていくことを目的として「淡海文庫」の刊行を企画しました。

自然の恵みに感謝し、築き上げられてきた歴史や伝統文化をみつめつつ、今日の湖国を考え、新しい明日の文化を創るための展開が生まれることを願って一冊一冊を丹念に編んでいきたいと思います。

一九九四年四月一日